같이는 아니지만 가치 있게 사는

비혼 여성, 아무튼 잘 살고 있습니다

같이는 아니지만 가치 있게 사는

비혼 여성, 아무튼 잘 살고 있습니다

초판발행 2020년 9월 4일
초판 2쇄 2020년 9월 16일

지은이 권미주
펴낸이 채종준
기획·편집 이아연
디자인 홍은표
마케팅 문선영·전예리

펴낸곳 한국학술정보(주)
주 소 경기도 파주시 회동길 230(문발동)
전 화 031-908-3181(대표)
팩 스 031-908-3189
홈페이지 http://ebook.kstudy.com
E-mail 출판사업부 publish@kstudy.com
등 록 제일산-115호(2000. 6. 19)

ISBN 979-11-6603-066-6 03330

같이는 아니지만 가치 있게 사는

비혼 여성, 아무튼 잘 살고 있습니다

권미주 지음

2020년, 올해는 코로나 19와 함께 온 세계가 떠들썩하게 시작되었습니다. '몇 달만 참으면 되겠지'라고 생각했던 이 새로운 감염병은 그런 생각을 비웃기라도 하는 듯 합니다. 앞으로도 얼마나 더 주의하며 지내야 할지 감이 오지 않습니다. 너무나 당연했던 우리의 많은 일상의 소소한 모습들을 바꾸어 버렸습니다.

봄꽃 나들이를 하지도 못했는데, 또 엄청난 여름장마는 우리에게 우울함과 슬픔을 보탰습니다. 우리 모두 참 힘겹게, 겨우겨우 올 한해를 지나고 있습니다. 그래도 시간은 참 잘도 흘러서 벌써 입추를 넘기고 가을을 기다리고 있습니다. 가을에는 뭔가 그래도 좀 더 나은 날들이 될 거라는 희망을 가져봅니다.

시간이 참 많이 흘러 있습니다. 올 한해의 시간도 그렇지만, 제 인생의 시간도 그러합니다. 바람에 떨어지는 꽃잎들의 속절없음이 애달프게 느껴지고, 눈부신 가을하늘의 맑음이 왠지 가슴 한 켠을 시리게 합니다. 20대에는 전혀 느낄 수 없었던 감정을 느끼는 나이가 된 겁니다.

이런 나이 때문인지 가끔은 밤을 새우기도 합니다. 지금 이 순간도 한밤, 깊은 새벽을 향해 달려가고 있습니다. 제 책상 위에는 여러 가지 종류의 책들이 어지러이 놓여 있습니다. 제가 앉아 있는 의자에 강아지 한 마리, 발치에 강아지 두 마리 이렇게 셋과 한밤을 보내고 있습니다. 좋습니다. 조금만 줄이자고 다짐하는 커피라, 이 밤에 마시고 있는 커피는 아주 귀한 향을 내고 있습니다. 세상은 고요하고, 나도 고요합니다.

원치 않았지만 불쑥 찾아와버린 새로운 미래 앞에 서 있는 막막한 기분입니다. 이제 막 시작한 프리랜서의 삶이란 게 그렇지 않아도 불안정한데, 코로나 때문에 완전히 망가질 것만 같은 현실의 삶에 대한 압박이 몰려오고 있습니다. 그럼에도 발견하게 되는 건, 사람들이 함께 어깨를 내어주고, 기다려주며, 나의 아픔만 있다고 말하지 않는다는 것입니다. 그래서 함께 살아간다는 건 아름답습니다.

저는 비혼입니다. 40년 넘는 인생 동안 20대 후반부터는 1인 가구주였습니다. 홀로 집도 구하고, 공부하며 학위도 끝내고, 여행도 다녔습니다. 자유로웠지만, 내 삶에 대한 책임은 오롯이 나의 몫이었습니다. 외롭고 쓸쓸할 때도 있었으나 내 삶은 결혼하지 않았다고 해서 불행하진 않았습니다.

물론 나에게도 결혼에 대한 기대가 있었습니다. 지금은 많이 접어버린 그 기대 뒤로, 나는 내 삶이 어떤 순간에는 튀어나온 못 같다고 느끼기도 했습니다. 반짝이며 빛나는 존재가 아니라, 어딘가에 튀어나와 있는 못처럼, 별 쓸모없고 거추장스러운, 그렇지만 평범하지 않은 그런 사람 같았습니다. 그래서 어디 가나 잘 어울리지 못하는 것 같고, 뭔가를 잘 해내야만 할 것 같았습니다. 너무 일찍어른이 아님에도 어른의 흉내를 내고 살았는지도 모르겠습니다.

심리상담을 공부하면서 많은 것이 달라졌습니다. 튀어나온 못같던 내 삶이어도 괜찮고, 반짝이는 하나의 별처럼 빛남을 소망해도 괜찮음을 받아들이기 시작했습니다. 더 가지고 싶고, 더 누리고싶은 것에 대한 욕심들을 내려놓았습니다. 그랬더니 정말 내게 필요한 것들이 보이기 시작했습니다. 정성스럽게 내가 원하는 것들을 듣고, 채워주고 싶었고 그렇게 하려고 노력했습니다. 그러면서 내 삶은 누구에게 보이는 빛난 별이 아니라 나에게 빛난 삶이 되어 가고 있습니다. 혼자라는 것 자체가 나쁘지도 좋지도 않습니다. 이제 나의 관심은 내가 혼자인 것에 있지 않고, 내가 나와 더불어, 또 타인과 더불어 잘 살고 있는가에 있으니까요.

비혼, 싱글 이런 말들이 우리 사회에서 주요한 단어로 떠오른 지 얼마 되지 않았습니다. 당연히 결혼이 인생의 통과의례이고, 이 의례를 거치지 못하는 여성은 뭔가 하자 있는 상품인 양 취급되던 시기를 우리는 지나오고 있습니다. 이제 사회는 더 이상 결혼하지 않은 싱글 여성들에 대해 그런 식의 눈길을 보내지는 않는 듯합니다. 그래도 어느 순간, 결혼하지 않은 나 스스로가 나에 대해서 초라하게 느낄 때, 뭔가 잘못된 건 아닐까 하고 초조할 때가 있었습니다. 아마 많은 싱글 여성들이 그러하리라 생각합니다. 어느 순간 알았습니다. 그건 살아가는 모든 이들이 안고 가는 삶의 무게라는 걸. 결혼을 했든 하지 않았든, 아이가 있든 없든, 제일 중요한 건 나 스스로에게 얼마나 당당할 수 있고, 나를 자랑스럽게 여기며 사랑하느냐에 따라 내 인생은 달라질 수 있다는 겁니다.

이 책에는 그런 이야기들을 담아보고 싶었습니다. 크게 성공하지도 않았고, 사회적으로 유명하지도 않고, 그냥 일상을 살아가는 어느 싱글 여성의 삶의 이야기. 어떤 생각을 하고, 어떤 삶의 방식으로 살아내고 있는가 하는 것이 비슷한 삶을 살아가고 있는 여성들에게 건네지는 인사이기를 바랐습니다. 혼자이지만 혼자일 수 없는 우리들이기에, 결혼을 하지 않은 싱글인 여성들에게 말을 건네고 싶었습니다. '저는 이렇게 살고 있어요. 여러분은 어떻게 살아가고 계시나요?' 그리고 더불어 '우리 이렇게 살아보는 건 어때요?'라고. 어떻게 하면 함께 더 잘 살아갈 수 있는지 물어보고 싶었고, 정답은 없을지라도 그 과정을 함께할 수 있는지 묻고, 찾아보고 싶었습니다. 그래서 함께 걸어가는 길을 만들어보고 싶은 욕심에 감히 글을 내놓습니다.

하지만 언제나 그랬듯 나의 재능과 욕망은 비례하지 않습니다. 서툴고 어설프고, 하고 싶은 이야기를 다 전할 수 없음에 때로는 깊은 좌절과 실망을 스스로에게 느낍니다. 그래도 이 이야기를 나누는 건 또 하나의 나에 대한 도전이자, 성취이며 만족입니다. 그리고 이것이 꼭 필요한 누군가에게는 나눠졌으면 하는 소망입니다.

싱글로 살아가는 삶. 그건 특별하지도 특이하지도 않습니다. 그저 많은 삶의 형태 중 하나일 뿐입니다. 중요한 건 그 삶을 살아가는 나를 대하는 나의 태도입니다. 그러니 부디 우리 자신을 반짝이며 살아가면 좋겠습니다. 같은 삶의 형태를 가지고 함께 걸어가고픈 누군가를 이 책을 통해 만난다면, 그리고 함께한 이들의 삶을 기쁘게 나눌 수 있다면 좋겠습니다.

끝으로, 언제나 묵묵하고 든든한 나의 지지자이자 응원자인 사랑하는 엄마와 가족들에게 고맙고 사랑한다는 말을 전합니다. 또 첫 출판인 책을 기꺼이 내어주신 이담북스 식구들과 정성껏 편집해주신 이아연 선생님에게도 감사의 말을 전하고 싶습니다.

감사합니다.

Chapter 1

왜 우리는 더 이상
결혼을 꿈꾸지 않을까?

1

|인 결혼식을
올리는 시대

오늘은 분명 기억에 남는 결혼식이 될 것이
다. 스몰 웨딩을 꾸몄다. 깔끔하고 멋지게 플레이팅 되어 더 맛있어
보이는 음식들. 실내는 옅은 조명으로 빛나고 있다. 평소 즐겨 듣던
조용한 클래식 음악과 발라드풍 가요가 번갈아 흘러나오고 있다.
화려한 꽃 부케 대신 이름을 일일이 알 수는 없지만 예쁘고 단단해
보이는 크지 않은 화분들을 정성스레 고르고 식장 곳곳에 놓아두
었다. 벽면에 비친 슬라이드에선 나의 어린 시절부터 지금까지의
사진들이 돌아가고 있다. 둘이서, 혹은 혼자서 이 결혼식을 축하하
기 위해 온 친구들은 사진을 보며 웃기도 하고 자기들끼리 즐겁게
한참 이야기를 나눈다. 나의 사랑스러운 반려견들도 예쁜 옷을 입
고 나를 지켜보고 있다. 멋진 옷을 입고, 나는 나를 위해 스스로 지
은 시를 낭송하고 친구들은 박수를 친다. 아, 한 가지 없는 게 있다.

신랑은 없다. 이 결혼식은 내가 나와 올리는 결혼식이니까.

'신랑이 없는 나와의 결혼식.' 어떤 이에게는 생소할 수도 있고, 어떤 이에게는 말도 안 되는 소리일 수도 있다. 또 어떤 이는 정말 유별나게 사는 사람이라고 편잔을 할 수도 있다. 하지만 이런 '솔로 웨딩'은 점점 늘어나고 있다. 일본 교토에는 독신 전문 여행 업체가 판매하는 이틀짜리 솔로 웨딩 패키지가 있다고 한다. 여기에는 웨딩드레스, 부케, 미용, 리무진 대여 등이 포함되어 있다. 앞으로는 다양한 옵션을 선택할 수 있는 상품들이 나올 것이고, 이런 종류의 서비스는 이미 유럽, 미국 등에서 성행하고 있다고 한다. 세계의 모든 유행에 가장 민감한 우리나라에서도 곧 이런 종류의 서비스들이 본격적으로 등장할 것이다.

아직까지 우리나라에서 솔로 웨딩이라는 것은 혼자서 웨딩드레스를 입고 기념사진을 남기는 정도이다. 하지만 앞서 상상한 비혼식, 1인 결혼식 또한 점점 늘어가고 있는 추세이다. 물론 결혼 통계처럼 비혼식이 통계로 잡히는 것도 아니고, 아직은 잡지에서나 볼 수 있는 좀 별난 예식처럼 느껴진다. 어떤 기사들은 마치 이제껏 낸 친구들의 결혼 축의금이 아까워서 그걸 돌려받기 위해 치르는 식 이라는 평도 한다. 워낙 축의금 문화가 강력하니 그럴 수도 있겠다 싶다가도 그건 아니지 싶다. 축의금 돌려받으려고 사람들 모아놓고 "난 이제 혼자 살기로 했습니다. 오늘은 나와 나 자신이 결혼하는 날입니다. 나의 결혼식을 축하해주십시오"라고 파티를 여는 의미는 아닐 것이다.

비혼식은 이제 혼자 살겠다고 독신을 선택한 이들이(꼭 여성만 그런 건 아니지만 여성이 절대다수일 것이다) 지인들을 불러서 조촐한 파티를 열고, 이제 나는 결혼하지 않고 혼자 살겠다는 의지를 표현하고 그에 대해 축복과 축하를 받는 시간이다. 혼자 사는 게 뭐 대단하다고 축복과 축하까지 받으며 그런 호들갑스럽고 번잡스러운 행사를 하는가라고 반문할 수도 있겠다. 하지만 이제 혼자 사는 것은 군이 결혼을 하지 못해 등 떠밀려 숨죽이며 살아가는 삶이 아니라 삶의 여러 모양 가운데 하나이다. 내가 당당히 선택할 수 있는 옵션 중의 하나를 내가 선택했다고 선언하는 의미가 있는 것이다.

'나와의 결혼식'을 외부에 알리고 축하를 받으며, 싱글임을 즐기는 삶의 방식. 이제 한국사회에서 더 이상 낯설거나 유별난 삶의 방식은 아니다. 이것은 더 이상 내가 결혼을 기웃거리지도 않고, 결혼에 목매지도 않겠다는 의지의 표현이다. 물론 인생이란 한 치 앞을 알 수 없기 때문에 언제 또 결혼하고 싶은 생각이 들지 모른다. 결혼해도 괜찮다 생각되는 상대가 나타날 수도 있다. 이혼도 하는데 비혼식을 하고서도 결혼하고 싶은 상대가 생기고 결혼을 해야 하면 할 수도 있다. 단지 비혼식을 한다는 건 내가 더 이상 '결혼'이라는 통과의례를 거치지 못한 미성숙한 어른으로 대접받지 않겠다는 나의 표현인 것이다. 한국사회는 이러한 의지를 표현하는 방식으로 비혼식(1인 결혼식)을 선택하는 이들을 이제 낯설고 희한한 삶의 방식을 표방한 사람으로서가 아니라, 당당하고 자신 있는 자기 삶의 방식으로 드러내고 있다고 동의해야 하는 시대에 서 있다.

심리학에서는 인간이 인생의 주기에 맞는 발달과업을 성취하며 살아가는 존재라고 한다. 그 발달과업이라는 건 태어나서 아이 때 성취해야 하는 게 있고, 청소년 청년, 중년, 시기에 성취해야 하는 보편적 과업이다. 통상적으로 인간은 이러한 과업을 성취해야지 진정한 어른으로 성숙된 사람으로, 인생을 잘 산 사람으로 평가받는다고 이야기한다. 청년 시기에 가장 중요한 발달과업은 결혼해서 아이를 낳는 것이다. 결혼을 해봐야만 어른이 되고, 아이를 낳고 부모가 되어야만 삶의 희로애락을 겪은 어른이 된다고 말하는 것은 사실 한국사회뿐 아니라 아마 전 세계 대부분의 나라에서 동의하는 것인지도 모르겠다. 그러니 심리학에서도 발달과업이라는 말과 과제가 생겨났을 거다.

발달과업이라는 말 자체가 인생이 무슨 아이템을 득해서 레벨업해야 하는 게임처럼 여기기 때문에 생겨난 말은 아닐까? 인간이 가진 원초적 두려움 중에는 공통의 삶의 방식과 무리를 벗어나 '혼자' 된다는 것이 있다. 특히 우리 사회는 뭔가 두드러지고 독특하고 공통의 궤적에서 벗어나는 걸 터부시해왔다. 일련의 인간의 성장 흐름이기에 통과의례라고 여겨온 '결혼'이라는 삶의 방식을 벗어나는 것은 무의식적인 두려움의 자리로 우리를 내몰아 왔다. 그렇기 때문에 인간이라는 무리들이 선택하는 삶의 과정을 단계별로 나누고 그 단계에 맞는 과업을 성취함으로써 나는 무리에서 내팽개쳐진 존재가 아니라는 안도감을 누리고 싶어하는 것이다.

그러나 지금이 어떤 시대인가? 4차 산업혁명 시대에, 머지않은 미래에 로봇과의 사랑이나 결혼도 생각할 수 있는 시대가 아닌가? 발달과업이라는 게 언제까지 유효한 의미가 있을지 알 수 없다. 세상은 평범한 우리가 예측할 수 있는 것보다 언제나 한발 빠르게 앞서 나가고 있다. 또는 평범한 우리들이 만들어낸 일상이 세상의 변화를 이끌고 있다. 여성에게 무엇보다 중요하다고 여겨졌던 '결혼'

이라는 통과의례는 더 이상 여성에게 가장 중요한 인생의 발달과 업이 아닌 시대가 되었다. 어쩌면 인간에게 가장 중요한 발달과업 은 진정한 나 자신이 되어가는 일일 것이다. 진정한 나 자신이란 말이 매우 모호하며, '그게 뭐야?'라고 물을 수밖에 없겠지만 그건 개인 각자가 대답할 수밖에 없다.

결혼을 하든 안 하든 중요한 건 내가 내 인생에서 무엇에 우선 을 두고 무엇이 더 소중한가에 대해 답하는 것이다. 이는 어떻게 온 전히 내 인생의 주인으로서 나 자신에 대해 책임을 지고 살아갈 것 인가에 대해 스스로 대답하는 것이다. 어쩌면 우리 사회는 인간 개 개인에게, 특히 여성에게는 그런 질문도 그 질문에 대한 답대로 살 수 있는 기회도 주지 않았다. 때가 되면 결혼하고, 아이 낳고, 엄마 로 살면서 희생하고 인내하며 가족에게 헌신하기를 원했다. 그에 더해 능력이 되면 사회활동도 덤으로 잘하는 그런 여성을 말해왔 다. 세상은 이미 변했다. 아니, 세상이 변하기 전에 여성들이 변했기 에 세상의 변화를 만들어냈을 것이다. "진정한 나 자신이 되어가는 것은 어떤 것인가?"라는 물음에 결혼이라는 삶의 방식이 아닌, 비혼 이라는 삶의 방식을 당당히 선택하여 1인 결혼식을 치르면서 "나 의 삶을 축하해줘"라고 말하는 여성들의 용기. 용기 있는 선택이 지금 이 정도의 모양이라도 한국사회에서 여성이 싱글로 살아가는 것에 대해 더 이상 구시렁대지 않는 변화를 이끌어낸 것이라고 생각한다.

그러니 1인 결혼식을 치르기로 선택한 여성들, 그녀들은 나와 세상을 변화시켜 가고 있는 이들이다. 1인 결혼식을 유쾌하게 치르는 사회, 멋있고 당당하지 않은가? 나는 아직 1인 결혼식을 치르지 않았다. 하지만 만약 내 주변의 누군가가 1인 결혼식을 올린다면 한걸음에 달려가 그녀의 삶을 있는 힘껏 응원하겠다. "진짜 너를 찾아가는 삶의 방식을 선택한 너를 응원해! 있는 힘껏, 온 맘 다해!"

2

나만 싱글인 건 아냐

2000년 초반에 즐겨 보던 〈올드미스 다이어리〉라는 드라마가 있었다. 노처녀라고 불리는 30대 초반인 세 명의 절친 여성들의 연애와 일상에 대한 이야기였다. 등장하는 여성 캐릭터들이 귀엽고 재미있었다. 그때만 해도 30대가 넘어가면 노처녀라고 했다. 그 드라마에 등장하는 미자를 비롯한 캐릭터는 일도 열심히 하고, 연애 때문에 아프기도 하고 행복해하기도 하는 그런 재미난 친구들이었다. 일상의 소소한 이야기들을 다루고 있긴 했지만 지금 생각해보면 노처녀들의 연애담에 가까웠다. 33세 김삼순이 등장했을 때도, 김삼순은 노처녀였다. 파티셰라는 직업을 가지고 등장한 그녀는 사랑스러웠고, 그 사랑스러움은 삼식이라는 백마 탄 왕자의 마음을 붙들었다. 재미있게 봤지만 결국엔 평범한 여성과 백마 탄 남자가 만나는 신데렐라 스토리였다.

그랬던 여성 캐릭터들이 변하기 시작했다. 작년에 방영된 드라마 중에 〈검색어를 입력하세요 www〉라는 드라마에도 세 명의 여성이 등장한다. 이 세 명의 여성들은 백마 탄 왕자를 기다리지 않고 자신의 실력으로 당당하게 회사에서 주요한 위치와 역할을 가진 여성들이었다. 사랑을 하기도 하지만 그 사랑에 매달리거나, 사랑을 위해서 일을 팽개치지 않았다. 무엇보다 자신이 하는 일을 철두철미하게 해내는 멋진 여성들의 연대를 그려냈다. 그리고 올해 방영한 〈사랑의 불시착〉은 판타지 드라마에 가까웠지만 어쨌든 여주인공 윤세리는 대한민국 상위 1프로의 재벌녀로 등장하면서도 사랑을 위해서 목숨도 내놓을 수 있는 캐릭터를 선보였다. 물론 상대 역시 현실에 없을 법한 그 사회에서 최고위층 집안의 아들인 데다가 세상 멋있고 로맨틱하며 듬직한 남주인공이기에 가능할 수도 있었겠다.

드라마 이야기를 장황하게 늘어놓는 것은 내가 드라마 덕후인 걸 알리고 싶은 것이 아니라 싱글 여성을 바라보는 시대에 따른 시선의 변화를 읽을 수 있기 때문이다. 요즘 드라마에서 여성들을 백마 탄 왕자를 기다리는 지고지순한 캔디나 신데렐라로 그렸다간 온갖 비판을 감수해야 한다. 여성들은 더 이상 자신의 삶을 남성에게 의존하는 존재가 아니다. 적극적으로 자신의 삶을 개척해가고 책임져야 하는 자기 삶의 주인이 되었다. 사회 역시 그것을 점점 더 적극적으로 인정해가고 있음을 대중의 욕망과 집단적 사고가 가장 먼저 방영되는 드라마가 알려주는 것이다.

이제 누구도 30대 초중반의 싱글 여성을 노처녀라고 부르지 않는다. 아줌마와 마찬가지로 우리 사회에서 노처녀라는 단어는 약간은 부정적이고 비하적이며 경멸적인 의미들이 담겨 있었다. 히스테리컬하고, 까칠하며, 잘 어울리지 못하는 그런 이미지이다. 하지만 실제 결혼하지 않고 싱글인 삶을 살아가고 있는 당신 자신이나 또는 주변의 사람들을 떠올려 보라. 그건 개인의 삶과 성격에 따라 다른 것이지, 결혼 유무에 따라 갈리는 이야기는 아니다. 왜냐하면 싱글인 삶이 더 이상 비주류 또는 유별난 삶의 방식이 아니기 때문이다.

2019년 통계청에서 '2019 한국여성의 삶 조사'를 발표하였다. 조사에 따르면 2019년 우리나라 총 전체 가구의 구성은 1인 가구 29.3%, 2인 가구 27.3%, 3인 가구 21%, 4인 가구 17%이다. 2005년 이전 가장 주된 유형의 가구는 4인 가구였으나, 2010년에는 2인 가구, 2015년 이후로는 1인 가구가 가장 주된 가구 유형이 됐다. 결혼을 하지 않고 미혼으로 사는 비율은 30세에서 39세는 12%, 40세에서 49세는 11%로 나타났다. 30세에서 50세까지 여성 중 10%가량이 결혼을 하지 않고 지내고 있다. "결혼을 꼭 해야 한다고 생각하는가" 하는 조사에서 여성은 결혼을 해도 좋고 하지 않아도 좋다는 비율이 50.8%로 가장 높았다. 반면 남성은 결혼을 해야 한다는 비율이 52.8%로 가장 높은 것으로 드러났다. 또 "남녀가 결혼을 하지 않더라도 함께 살 수 있다"고 생각하는 여성의 비율은 53.9%, "결혼하지 않고도 자녀를 가질 수 있다"는 여성의 비율은 28.7%로 나타났다. 이는 더 이상 여성들이 전통적으로 여겨 온 결혼이라는 제도 안으로 강제적이고 의무적으로 들어가지 않아도 된다는 생각을 하고 있음을 나타낸다. 꼭 결혼이라는 법적, 제도적 형태가 아니더라도 동거를 택할 수도 있고, 자녀만 낳을 수도 있다는 등의 사회적 통념을 벗어난 삶의 형태를 취하기에 이제 별로 거리낌이 없어지고 있음을 나타낸다.

주위를 둘러보면 20대 후반에 결혼한다고 하면 벌써 결혼하냐고, 결혼이 빠르다고 이야기하는 사람들이 많다. 30대 중반쯤 되어도 그렇게 늦었다고 느껴지지 않는다. 30대 중반 이후 40대까지 최소한 열 명 중 한 명은 싱글이다. 그러니 나도 싱글이라 한들 그게 내가 못나거나, 뭐가 부족하거나 또는 특별히 별다른 삶을 살고 있는 것은 아니라는 뜻이다. 앞으로 이런 구성 숫자는 우리 사회에서 점점 더 늘어날 것이다. 많은 여성들이 결혼하지 않은 채 당당하게 살아갈 것이고, 출산율은 점점 낮아질 것이고, 결혼이라는 제도는 지금과 같은 힘을 발휘하지 못하게 되는 사회가 이미 우리 곁에 와 있다. 우리는 그 사회를 지금 함께 살아내고 있는 것이다.

그러니 너는 결혼한 사람, 나는 결혼하지 않은 사람. 이렇게 너무 구분하지 않아도 되지 않을까? 서로가 서로의 가보지 못한 길을 동경하거나 부러워할 수도 있을 것이다. 다른 삶에 대한 동경과 부러움은 내 삶에 내가 뿌리내리지 못할 때, 내 삶에 대해 내가 존중하지 못할 때 그 농도가 짙어질 것이다. 내가 존중하는 나의 삶, 굳이 다른 이의 동경과 부러움의 대상이 되지 않아도 되는, 그렇다고 지나치게 비굴하거나 찌질하게 느끼지 않아도 되는, 그저 지금 있는 그대로의 나의 삶. 그 삶을 눈치 보지 않고 충분히 즐기며 누리며 살아가겠다고 말하는 여성들. 그들이 멋지다. 그들의 삶을 응원한다.

3

결혼?
국가에는 필수 vs 나에게는 선택

세상에는 두 종류의 사회가 존재한다. 문명사회와 야만사회다. 2540년의 미래 문명사회는 가족이나, 부모 자식이란 관계가 없다. 출산은 철저한 과정을 통해서 공장에서 이루어진다. 공장에서 태어난 이들은 일련의 과정을 통해 알파, 베타, 감마, 델타와 입실론이라는 계급으로 구분된다. 자신이 속한 계급에 따라 자신의 위치와 직업이 미리 정해지고 공동으로 육아되고 세뇌되어 어떠한 조작으로도 늙지 않고 젊음을 유지하다가 죽음조차도 아무렇지도 않은 것이 된다. 모든 인간들은 어릴 때부터 성관계를 즐기고 서로를 공유하며 매일 서로 다른 파트너와 자유로운 성관계를 가지고 하루 7시간 30분의 작업 후엔 자유롭고도 다양한 즐길 거리가 준비되어 있다. 소마라는 마약성 약을 항상 먹을 수 있고 소마 덕분에 자신이 살아가고 있는 모습에 대해 항상 만족하며 어떤 불만도 없이 살아가고 사회는 철저한 계급에 의해 유지된다. 그런데 이러한 문명사회 외에 또 하나의 세상이 있는데, 그 세상은 야만세상이다. 야만세상에서 사람들은 늙고, 연애하고, 결혼하고, 죽기도 한다. 문명세상 사람들은 야만세상의 그런 생활태도를 미개하다며 동물원 원숭이 구경하듯 한다.

1930년대 올더스 헉슬리가 지은 『멋진 신세계』라는 소설의 내용이다. 모든 디스토피아 세계에 대한 묘사나 SF의 모체가 되는 이 소설은 과연 인간이 산다는 것은 무엇인가를 보여준다. 그러한 문명사회에선 결혼이 없다. 출산도 없다. 과학기술의 힘으로 인간을 생산할 수 있는 사회다. 인간들은 약에 의지하여 마치 매트릭스와 같은 환상의 공간을 살아간다. 그 속에서 연애하고, 결혼하고, 출산하고, 늙어가고, 죽어가는 것은 야만의 시대에나 가능했던 일이라는 것이다. 사회를 유지하는게 목적인 문명사회에 이입해서 생각해본다면, 그런 사회가 더 편할 수도 있겠다. 모든 것이 계획되고 통제되고 시스템하에서 인간은 부속품이지만 부속품임을 알 수 없는 사회.

'오늘 한국사회는 그런 통제에 더 가까워지는 사회일까? 멀어지고 있는 사회일까?' 표면적으로 사회는 전혀 그런 통제와는 멀어지고 있고, 개인의 자유와 선택의 극대성을 보장하고 있다. 그러나 어쩌면 큰 시스템은 점점 더 보이지 않는 손을 통해 한 사회를 통제하고 있는 건 아닐까라는 생각도 하게 된다. 그것은 국가가 과도하게 "결혼"과 "출산"이라는 담론에 대해 개인에게 압력을 행사하며, 사회를 위해 존재해야 하는 개인의 의무를 다루고 있지는 않은가 하는 불편함을 느끼면서이다.

여성들이 결혼을 선택하지 않거나 점점 더 초혼의 나이가 늦어지고 있는 것에 대해서 관심을 기울이기 시작한 것은 출산율과 결부된다. 그와 함께 결혼에 관한 이슈도 본격적으로 등장한다. 현재 대한민국의 출산율은 전 세계에서 가장 낮다. 올해는 1명대마저 깨져서 0.89명 정도라고 한다. 이대로 가면 100년 이내 인구절벽을 거쳐 재앙이 닥친다며 출산율을 높이기 위한 정부의 노력과 예산투자는 해마다 강력한 이슈가 되고, 주요 정책과정 중 하나가 되고 있음을 이미 10년도 전부터 보아왔다. 그럼에도 결혼율과 출산율은 점점 낮아진다. 결혼을 하지 않아도 되고 아이를 낳지 않아도 된다고 생각하는 미혼 남녀의 비율은 아무리 낮게 잡아도 50%를 상회하고 있다.

그런데 참 다이내믹 코리아인 것은, 불과 반세기 전만 하더라도 둘만 낳아 잘 기르자는 표어로 국민들을 대동단결시키며 심지어 남성들에게는 나라가 거의 반협박 형태로 불임수술을 시켜주었다는 점이다. 내가 초등학교 때까지만 해도 "둘만 낳아 잘 기르자" "잘 키운 딸 하나, 열 아들 부럽지 않다" 이런 표어들과 캠페인 송 같은 것들이 버젓이 TV에서 나오곤 했었다. 그때는 이대로 아이를 낳다가는 100년 후에 나라가 망할 거라고 생각했었다. 하지만 그로부터 몇십 년이 지난 후에 우리가 맞닥뜨리고 있는 현실은 오히려 아이를 낳지 않아서 재앙이 닥칠지도 모른다는 위기의식이다.

그러면서 독신세를 물려야 한다느니 하는 이야기들을 정책의 일환이라고 꺼낸다. 독신으로 살건 가족으로 살건 세금은 똑같이 내고 있는데도 말이다. 오히려 독신은 자녀가 있는 가구에 비해서 국가로부터 복지보조나 세금환급 등의 혜택으로부터 제외되고 있다. 그런데 마치 결혼하지 않으면 사회를 구성하고 유지하는 데 도움이 되지 않는 존재인 것처럼 말한다. 특히 아이를 출산하지 않는 여성들에게는 이기적이라니, 자기밖에 모른다느니 하는 유치한 언사들을 쏟아내기도 한다. 그러면서 빨리 결혼하라고 재촉한다. 이러다가 옛날에 둘만 낳아 잘 키우자는 캠페인이 나라에서 나왔듯이 소위 말하는 노총각, 노처녀 없는 세상을 만들자는 캠페인이 나올지도 모르겠다. 실제 지방 중소도시나 농촌지역 등에서는 결혼의사는 있으나 결혼하지 못한 남성들에게 베트남, 중국 등에서 온 젊은 여성들과의 결혼을 지역단위로 추진하는 곳도 있다. 그렇게 해서라도 결혼을 하고 아이를 낳아서 줄어가는 지방의 인구를 유지시켜야 한다는 급박함이 보이기도 한다.

결혼은 지극히 사적인 영역이다. 여성을 출산과 결부시켜 보게 되면 여성은 철저히 객체가 되고 도구가 되어버린다. 그런 의미에서 결혼을 권장하는 건 국가에는 필수이지만 개인에게는 선택이 되는 것이다. 꼭 결혼이라는 제도를 이루어야만 출산을 할 수 있는 건 아니다. 아직도 유교문화의 영향이 강력하게 남아 있는 탓인지, 우리 사회는 출산의 문제를 남성과 여성이 결혼이라는 제도를 통하여서만 해결하려 하고 있다.

꼭 남성과 여성이 만나서 결혼이라는 제도를 통해서, 혼인신고가 된 가정 아래에서 자라는 구성원들에 대해서만 한국인으로 인정하고 지원하겠다는 정책이 고수되고 있다. 그렇게 그 숫자를 유지시켜야만 한다는 굳은 결심이 오늘도 비혼으로, 미혼으로 살아가는 수많은 여성들로 하여금 뭔가 모르게 주눅 들게 하고, 이유를 알 수 없는 죄책감을 가지게 한다. 결혼하지 않아도 연애할 수 있고, 사랑할 수 있으며, 출산도 할 수 있다. 오늘 한국사회는 결혼이라는 제도가 주는 실효성이 어쩌면 점점 더 소멸되어 가고 있는지도 모른다. 그래서 혹자들은 말한다. 결혼도 하지 않고, 애도 낳지 않고 그냥 자기 편한 대로 혼자 즐기며 사는 사회는 관계성도 생겨나지 않고, 낭만도 없고, 사랑도 없는 사회라고. 그러나 결혼하지 않는 사회는 낭만과 관계와 사랑이 사라진 사회가 아니라 그저 결혼이 사라져가는 사회다. 상담을 전공하고, 상담하는 일을 하는 사람으로 한 사회에서 결혼을 통해 가정을 세우고, 그 가정이 건강해지는 것이 얼마나 중요한 과정이고 일상인지를 잘 안다. 그렇다 해서 세상의 모든 여성이 그 규칙을 따라야 하는 건 아니지 않는가? 남성과 여성이 만나서 결혼이라는 제도를 통해 이룬 형태의 가정만이 유일하고 온전하다고 여기는 한, 계속해서 결혼은 국가에는 필수적인 제도이지만 개인에게는 선택의 자리가 된다.

이제 그 틀을 깰 때도 되지 않았는가? 『멋진 신세계』에 등장하는 문명사회처럼 살자는 것도 아니다. 단지 출산을 여성 최고의 덕목으로 여겨 결혼을 통해 그것을 실현시킬 것을 강조해왔던 그 낡은 틀이 문제다. 이제 거기로부터 여성들이 이제 박차고 나와서 내 선택으로 사회 속에 더불어 잘 살아보겠다고 하는데, 그 삶을 응원해주어야 하지 않겠는가?

4

'82년생 김지영'이
되고 싶지 않은 82년생들

『82년생 김지영』을 읽은 건, 책이 나온 해니 몇 년 되었다. 그리고 몇년이 지나 영화로 나왔고 꽤 흥미로웠다. 영화는 소설보다 훨씬 김지영에게 우호적인 남편과 가족과 사회를 담고 있는 것으로 보였다. 김지영을 지극히 걱정하고 그만의 방식이지만 그를 도우려는 남편과 그의 어머니, 그리고 직장 선배와 동료. 이런 이들이 있는 것만도 어딘가라는 생각이 들 정도였다.

나의 상담실에도 가끔 이런 문제를 안고 있는 여성들이 찾아온다. 그중 P도 그랬다. 30대 후반의 나이에 6세 여아를 키우는 워킹맘. 3녀 1남인 형제 중 여자로는 막내딸, 아래에 7살 어린 남동생을 두고 있는 그녀는 어릴 적부터 부모의 관심을 제대로 받지 못했다. 딸 중에서는 막내지만 아들을 얻으려고 태어난 딸이었으니 당연히 귀하게 여김을 받지 못했다. 게다가 부모들은 일을 한다고 늘 바빴고 어린 딸들만 떼어놓고 지방으로 일을 하러 다녔다. 언니들이 꽤 잘 돌봐주긴 했지만 그래도 P는 모든 것을 혼자 알아서 척척 해내야 하는 여성으로 성장해갔다. 대학도 거의 혼자 힘으로 다니면서 또 아래 남동생에게는 좋은 누나가 되어야만 했다. 힘들어도 남동생의 학비도 가끔 대주면서 착한 딸로 살았다. 결혼할 때도 본가에서 거의 한 푼도 지원받지 못한 채 신랑을 만나, 둘이서 열심히 일하면서 돈을 모았다. 양가 어느 쪽에서도 아이를 키우는 데 도움을 주지 않았지만 서운한 기색 한 번 내비치지 않았다. 갓 돌 지난 아이를 어린이집에 맡기고 돌아설 때는 알 수 없는 죄책감에 눈물 흘리기 일쑤였다. 그렇게 10년 가까이 둘이서 열심히 일했고 이젠 집도 사고 차도 사고 생활도 안정되었다. 하지만 P는 얼마 전부터 잠을 이룰 수가 없었다. 그리고 하루에도 몇 번씩 이유 없이 눈물을 줄줄 흘렸다. 자기가 생각해도 이유가 없었다. 그냥 눈물이 흘렀다. 그러고는 차도를 보면 뛰어들면 어떨까, 20층 사무실 창밖을 내다보면서는 뛰어내리면 어떨까, 잠이 오지 않을 때는 수면제 약통을 모두 털어 넣어서 삼키면 잠이 좀 오려나……. 그러면서 울고 있는 자신을 발견했다. 도저히 이대로는 안 되겠다는 생각에 상담실을 찾았다.

"저는 정말 열심히 살았어요. 여자라서 못 받은 게 많았지만 여자라서, 결혼했으니까, 애 낳았으니까 못한다는 이야기 듣지 않으려고 정말 열심히 일했어요. 그런데 남는 게 뭐가 있는지 모르겠어요. 누굴 위해서 열심히 살았는지 모르겠어요. 회사에서는 후배 여직원들한테 모범이 되고 싶었는데 그게 뭐 그리 대단하다고……. 애는 같이 낳은 건데 왜 나 혼자 그렇게 애한테 미안해하면서 온갖 조바심 내는지. 회사에서 남자들 지네들은 대충대충 해도 다 승진되고 하던데 난 아무리 열심히 일해도 승진도 안 되고, '애 엄마라서'라는 말 듣지 않으려고 진짜 소중한 내 애한테는 소홀한 엄마가 되어버리고……. 사회에서 나로 인정받는 게 왜 이렇게 어려운 일인지 모르겠어요."

내가 만난 많은 워킹맘들은 P처럼 말했다. 애 엄마라서 그렇다는 말 듣지 않으려고 열심히 일했다고. 애한테는 매일매일 미안했다고. 남편한테는 내가 늘 머리 숙이고 고마워해야 할 거 같았다고. 살림 잘 못 한다고 시어머니한테 야단 들을까 봐 전전긍긍했다고. 친정 엄마한테 비싼 옷 한 벌 해주는 것도 내 마음대로 안 돼서 속상했다고. 난 도대체 누구를 위해 사는 거냐고. 난 뭘 하는 사람이고 내 인생에서 날 위해 의미 있는 건 뭐가 있냐고……

대부분 알듯이 이것이 한국사회 '82년생 김지영'으로 대표되는 30대 중후반 일하는 여성들의 삶이다. 그래서 결혼하지 않은 친구들에게는 결혼하지 않은 삶이 정말 부럽다고 말하곤 한다. 주변에서 친구가, 언니가 이런 삶을 사는 걸 보면 또 많은 여성들은 결혼이라는 제도에 대해 회의를 느끼곤 한다. 정말 결혼을 해야 하는 걸까?

결혼을 하고 하지 않고는 결국 개인의 문제이니 누군가가 뭐라고 답을 내려줄 수는 없다. 그러나 이제 사회생활도 웬만큼 하고, 주변 사람들이 결혼해서 어떻게 지내는가를 지켜본 여성들은 고민한다. 내가 살아온 삶과 다른, 결혼이라는 이름으로 표현되는 종류의 삶 속으로 들어가는 것에 대해 망설일 수밖에 없다. 그만큼 이 사회는 아직도 여성이 당당한 사회인으로 남성과 동등한 권리를 누리고 대우를 받으며 살아가기엔 어려운 사회다.

요즘 20대 남성들은 역차별을 이야기한다. 20대 남성뿐 아니라 많은 남성들이 오히려 여성들에게 치인다고, 회사에서 편하게 말한마디 하기 어렵다고. 왜 내가 가상의 범죄자 취급을 받아야 하냐며, 요즘처럼 여성들 살기 편한 세상에서 왜 여성 차별을 이야기하냐고 말한다. 언뜻 들으면 일리가 있기도 하다. 그럼에도 불구하고 그건 대한민국에서 여성으로 살아보지 않았으니, 여성들이 겪어내야 하는 일상의 불편을 겪어보지 않았으니 하는 이야기라고 생각된다. 여성으로 태어나서 남성과 차별 없이 길러지고 동등한 실력을 가지고 사회에 진출할 수 있다. 그러나 이후, 결혼을 하면 워킹맘으로서 차별과 눈총을 견뎌야 하고, 결혼을 하지 않으면 않은 채로 차별과 눈총을 견뎌야 한다. 여성들이 30대 중반이 넘어가면서 더욱 결혼에 대해 소위 말하는 조건을 따지게 되고, 더욱 현실적으로 이것저것 고민하면서 망설이게 된다. 결혼 상대에 대한 사랑과 헌신이라는 이름으로 누구의 아내가 되고 엄마가 되는 삶. 많은 경우 그런 삶이 나를 잃어버리는 삶이 됨을 경험적으로 보았기 때문일 것이다.

결혼을 하지 않는, 망설이는 이유가 단지 내가 죽어라고 노력해서 쌓은 나의 커리어가 아까워서, '경단녀'가 되고 싶지 않아서만은 아닐 것이다. 누구의 아내나 엄마가 아닌 그저 '나'로 오롯이 살고 싶은 그녀들의 소망을 이기적이라고 폄하하는 사회적 분위기가 있다. 아내이면서 엄마이면서도 동시에 '나'로 살아내려면 얼마나 많은 노력을 기울여야만 하는지, 얼마나 많은 눈총을 겪어야만 하는지 그것은 여성으로 살아보지 않았으면 알 수 없는 일이다. '나'로 살고 싶은 것, 그것은 사람이라면 누구나 가지게 되는, 가져야만 하는 삶의 이유이자 의미, 본질 같은 것이다. 그러나 우리 사회는 여성들에게 너무나 오랫동안 너무나 가혹하게 '나'가 아니라 아내로, 엄마로 사는 것에 대해서만 의미를 부여해주었다. 그것을 조금이라도 소홀히 하거나 병행하려는 여성들에게 독하다고, 이기적이라고, 욕심이 많다고 그렇게 눈을 흘겼다. 그것을 감내하고 살아가는 여성들은 마지못해 뭔가 죄인인 척이라도 해야만 하게 만들어왔다.

더 이상 여성들이 결혼을 꿈꾸지 않는 사회. 그것은 많이 배우고 콧대 높아지고 잘난 여성들이 많이 생겨나서가 아니다. 당연히 그렇게 살아야 하는 삶을 살지 못하도록 막아온 사회가 먼저 져야 하는 책임이다. 여성들은 오롯이 나로 살 수 없다면 아내로서, 엄마로서만 사는 삶에 대해서도 거부할 권리가 있다. 두 가지를 병행하라고 너무 쉽게 말하지 않았으면 한다. 물론 인생은 관계 안에서 서로에게 일정 정도의 책임을 지는 것이다. 그러나 이제까지 한국 사회는 가정에서의 많은 책임을 여성들에게 지라고 암묵적으로 말해왔다. 자본주의 사회에서 가장 중요한 경제적 책임만 남성에게 물음으로써 말이다. 이것은 어쩌면 양쪽 모두에게 폭력일 수도 있다. 이제 개인들은 그렇게 정해진 역할과 책임을 묻는 결혼과 가정이라는 틀 속으로 들어가기를 꺼려한다. 여성들은 그 틀 속으로 들어가지 않음으로써 포기해야 하는 것들이 있는 반면, 더 많이 얻을 수 있는 것들도 있다는 것을 차츰 알아가고 있다.

더 이상 결혼을 꿈꾸지 않는 시대. 그것은 개인의 로맨스가 말살되어 가고 있다는 뜻만은 아니다. 더 이상 '82년생 김지영'으로 대표되는 '나'는 사라지고, 아내로서, 엄마로서 인생을 살아야 하는 여성으로서의 삶은 사양하겠다는 의지의 표현일 것이다. 나는 기꺼이 그것을 지지한다.

5

가장 무책임한 말:
'해도 후회, 안 해도 후회'

　　우리 부모님은 나에게 뭘 많이 시키거나 이래라 저래라 하시는 분이 아니었다. 방목 스타일에 가까웠다. 나는 언제나 부모님이 나를 철석같이 믿어주기 때문이라 여겼고, 실제로도 그랬다. 결혼에 대해서도 마찬가지였다. 지나가는 말인 "나중에 늙어 어찌 혼자 살겠노……." "영영 시집은 안 갈 건가 보네." 정도가 다였다. 한 번도 정식으로 결혼 문제를 가지고 나를 다그쳐본 적이 없으시다. 나는 그 점이 늘 고마웠다. 그래서인지 결혼에 대해서 나는 내가 스스로에게 주는 압박과 스트레스 외에는 별로 스트레스를 받아본 적이 없다. 어느 날은 막내 이모가 나에게 말씀하셨다. "결혼은 해도 후회, 안 해도 후회야……. 맞다. 그래도 나는 결혼해서 별로 후회 없이 살았다. 안 했으면 더 후회했을 거 같다. 니도 나중에 후회하지 싶다. 해 봐라. 안 나쁘다"라고. 이모는 사람들이 말하는 재취 자리에 늦게 시집을 갔다. 아이 셋 딸린 말단 공무원에게. 그리고 본인의 아이는 낳지 않았다. 이모부와는 정말 행복하게 살았다. 당시로는 너무나 늦은 나이에 결혼을 했고, 이미 새엄마라는 걸 아는 아이 셋을 키우는 게 쉽지 않았을 텐데, 그래도 참 행복하다 했다.

"이모, 결혼해서 뭐는 후회되고, 뭐는 후회가 안 돼요?" 내가 물었었다. "글쎄……. 후회되는 거. 후회되는 거까진 모르겠고 그냥 엄마랑 좀 더 같이 못 지내는 거. 엄마를 생각하고 돌볼 겨를이 없는 거. 그런 거네. 뭔가 후회스러운 게 있는 거 같았는데 니가 물으니 모르겠네. 후회 안 되는 거는, 나는 니 이모부가 너무 좋다. 이 사랑을 못 받고 살았으면 내가 무슨 사는 낙이 있었을라나 모르겠네." 이렇게 대답했었다. 특별하거나 상당히 인상적인 대답도 아니었지만 난 이 말이 문득문득 생각났었다. 이 사랑을 못 받고 살았으면 내가 무슨 낙이 있었겠냐는. 이모는 참 곱게 나이 들어가셨고, 이모부와 살갑게 지내셨고, 그렇게 이모를 사랑해주던 그 이모부는 일 년 전에 소천하셨다. 이모부가 가시면 나도 따라갈 거라고 하셨으나(이건 우리 엄마도 그랬는데) 지금은 엄마랑 이모랑 너무나 사이좋게 재밌게 잘 지내신다.

흔히들 결혼은 해도 후회, 안 해도 후회라고들 말한다. 너무 연세 드신 어른의 이야기를 꺼냈지만, 또래 친구들이나 후배들을 봐도 크게 다르지 않은 거 같다. 남편과 다투거나 사이가 힘들어지거나, 아이 키우는 것에만 매몰되어 나는 없어져버린 것 같다고 한탄하듯 말하는 이들은 결혼한 것에 대해 후회한다고 한다. 하지만 이내 남편과 아이를 생각하고, 남편에게서 받는 사랑, 특히 아이로 인한 기쁨을 누릴 때면 내가 이 결혼을 하지 않았더라면 이런 행복을 누릴 수 있었을까라며 결혼하지 않았으면 어쩔 뻔했냐고 한다. 그런 의미에서 본다면 예나 지금이나 결혼한 여성이 결혼에 대해 느끼는 이미지는 비슷하다고 해야 할까?

해도 후회, 안 해도 후회라면 해보는 게 낫지 않냐고 사람들은 말한다. 하지만 결혼이 무슨 인터넷 게임도 아니고 연습 삼아 해볼 수 있는 건 아니지 않나. 한번 생각해본 일은 있다. 결혼을 하게 된다면 난 뭘 제일 후회할까? 지금 이대로 결혼하지 않고 나이 들어간다면 뭘 제일 후회하게 될까? 해봐야 알 일이긴 하다. 그런데 지금 생각과 상상으로는 이제 결혼한다고 해도 그다지 크게 후회할 일은 없을 거 같긴 하다. 결혼상대가 정말 상상을 벗어난 이상한 사람이거나 크게 문제가 있는 사람이 아닌 이상. 그런데 삼십대 중반이 넘는 나이로 결혼하면서 사기결혼이 아닌 이상에야 그런 문제가 있는 사람을 만나지는 않을 거 같다. 그렇다면 결혼해도 소소한 싸움이나 의견차이 같은 건 있을 것이고, 혼자 살 때보다는 집안일거리가 좀 더 늘어난다거나, 챙겨야 할 식구들이 더 생긴다거나, 시간 사용에 있어 좀 더 통제가 된다거나 하는 점들은 있겠지만 그다지 후회할 일은 없을 거 같다.

결혼을 하지 않고 이대로 나이가 들어간다면 후회할 일은 뭘까? 동지가 없다는 외로움? 노후에 맞닥뜨리게 될 경제적 문제나 질병과 관련된 개인 신상을 계속해서 혼자 해결해야 한다는 부담감? 굳이 들자면 그 정도이지 다른 건 별로 없는 거 같았다. 아, 이모가 말씀하셨던 그리고 종종 친구들이 말하는 내 남편이 주는 이런 사랑을 내가 어디 가서 받겠느냐는 그 사랑을 받지 못한 것에 대한 아쉬움도 있을 수 있겠다. 하지만 그건 꼭 남편으로부터만 채울 수 있는 건 아니니, 후회가 되거나 그럴 종류의 감정은 아닐 거 같다. 대학 졸업하고 혼자 사회생활 시작하고, 넉넉지는 않으나 혼자 경제생활 할 정도의 능력이 되는 여성들에게 결혼은 해도 후회고 안 해도 후회니 그럴 바에야 해보는 게 나은 어떤 선택지가 아니라는 이야기이다.

보험연구원에서 조사한 자료가 있다. 80년대 중반 이전 출생한 사람들은 결혼은 고려의 대상이며 늦어져도 웬만하면 했으면 하고 생각한다. 그래서 그들은 만혼세대가 된다. 반면 80년대 중반 이후 출생자들에게 결혼은 아예 하지 않아도 되는 선택적 사항이 되고 있다고 한다. 오히려 결혼을 함으로써 본의 아니게 잃어버리게 될 나의 직장과, 사회적인 나의 경험과, 가족이라는 이름 속에 매몰될 가능성이 높아 보이는 나 자신의 미래에 대한 염려가 생기게 한다. 이는 더 이상 결혼은 해도 후회, 안 해도 후회라는 선택의 기로에 서게 하는 것이 아니라 하지 않는 것이 오히려 더 낫다는 사고로의 전환을 불러오고 있다.

언제나 가보지 않은 길에 대한 미련은 남는다. 내가 가보지 않은 길이 더 멋있어 보인다. 아마도 결혼한 여성들이 결혼하지 않은 또래 친구들을 보며 좋겠다고 한숨 쉬듯 말하는 것과 비슷하게, 결혼하지 않은 여성들도 남편과 또는 남편과 아이와 함께 있는 결혼한 친구를 볼 때 좋겠다는 부러움 섞인 말을 내뱉을 수도 있다. 오늘 한국사회는 점점 더 서로를 향한 알지 못할 부러움의 시선들이 같은 무게와 같은 비례로 교차하고 있다. 개인들에게 더 이상 결혼이 필수불가결한 인생의 발달과업 중 하나로 여겨지지 않고 있다. 더 이상 결혼을 동경하지도 않고 결혼하지도 않는 시대. 이제 해도 후회, 안 해도 후회라는 말은 결혼생활의 고달픔을 드러내는 말 대신, '해도 행복, 안 해도 행복', 혹은 '해도 행복, 안 하면 더 행복'이라고 표현해야 하는 게 아닐까?

결혼이 반드시 필요한 인생 발달과업의 목록에서 빠져나올 필요가 있다. 그럴 때 결혼한 삶을 중심으로 바라보던 인생의 주기를 결혼과 무관한 나만의 삶의 주기로 그것도 매우 긍정적으로 바라보아 줄 시선과 용기가 생겨날 것이다. 부디 우리 사회가 이제 그 시선과 용기를 받아들여 주기를.

6

'우리 가족'이라는
신화

상담실을 찾는 이들 중에 많은 이들이 분노에 찬 눈으로 "우리 아빠, 용서할 수가 없어요"라고 말한다. 어떤 이는 눈물을 뚝뚝 흘리며 "엄마가 왜 그렇게 살았는지 모르겠어요"라고 말한다. 그러면서 덧붙이는 말. "난 결혼하고 싶지 않아요." "그래서 난 결혼 안 하려고요."

상담에는 수많은 이론들이 있는데, 어떤 상담이론도 가족과의 관계에서 형성되어 온 개인의 내면에 대해 살피는 것을 건너뛰지 않는다. 단지 그 무게중심이 가족과의 관계를 살피는 데 좀 더 많이 있느냐, 그렇지 않느냐의 차이만 있을 뿐이다.

인간은 관계를 맺어야만 살아가는 존재이다. 프로이트는 인간의 무의식을 말했는데, 그 무의식은 대부분 어릴 적 부모와의 관계 경험에서 개인이 기억하는 좋은 것과 나쁜 것을 구분하고 억압하고 받아들이는 데서 생겨난다. 인간이라는 존재 자체가 세상의 모든 존재하는 포유류 중에서 가장 오랫동안 부모의 보살핌을 받아야만 생존이 가능한 존재라는 데서, 부모와의 관계, 가족의 의미는 개개인에게 너무나 큰 경험이고 소중할 수밖에 없다. 사람이 태어나서 최소한 혼자서 의사소통을 할 수 있기까지는 가족은 가장 강력하고 필수불가결한 울타리일 수밖에 없다. 특히 지독히도 고단한 역사를 거쳐 온 한국 근대사는 가족이라는 이름을 거의 신화처럼 여겨왔다. 아버지들은 가족을 먹여 살리기 위해 몸이 부서져라 일했다고 자부했다. 어머니들은 그런 남편과 자식들을 돌보기 위해서 '자아' 같은 건 생각해볼 여력도 없이 헌신하고 돌보고 보살폈다. 여자 자식들은 그런 부모님을 조금이라도 도와 집안을 보살피기 위해 자신의 배움과 인생을 포기하면서까지 일했다. 남자 자식들은 그런 가족의 희생을 알기에 내 한 몸 잘되는 것이 나 혼자가 아니라 우리 가족이 살아남는 것이라 여기며 공부든 뭐든 자기는 없이 올인했다. 개인을 부양하고 책임질 수 있는 유일한 집단 '가족'. 이것이 한국 근대사가 쌓아 올린 이 화려한 자본주의의 근간이 되는 가족이라는 이름의 신화였다. 한국사회는 어쩌면 이런 개인과 가족의 순종과 헌신 위에 쌓아 올린 탑과도 같다.

그 겉모습을 구성하는 화려함은 남성들의 몫이었다. 굳이 이분법으로 남성과 여성을 구분해서 말하고자 하는 것은 아니다. 오늘 한국사회가 여성들의 늦은 결혼, 또는 결혼하지 않음을 결혼파업이라고까지 부르는 압박을 가하면서 여성들에게만 부담을 지운다면 그것의 부당함에 대해서 생각해보아야 한다. 개화기를 거치며 일제강점기와 독립 시기 이후, 한국의 근대사를 관통하면서 국가는 국민에 대해 어떤 보호막이나 역할을 해주지 않았다. 오히려 국민 개개인이 국가를 위해 목숨을 걸고 나서야만 했다. 그렇게 국가를 위한다는 명분으로 남성들은 때로 목숨을 걸고 명예도 얻었다. 그랬기에 어쩌면 일상의 최전선에서 가족을 돌보아야 했던 실제적인 이들은 우리가 그토록 헌신의 대명사로 이름하는 어머니, 즉 여성들이었다.

집 떠난 남편을 대신하여, 벌이가 시원찮은 남편을 거들며, 자녀들을 먹이고 입히고, 키우며 가정을 지켜내야 했던 지난한 세월. 그 시간들을 거치면서 우리는 오늘 아줌마라는 뭔가 비하적이고 냉소적인 이름으로 여성을 부르기 시작했다. 사회는 그들의 숨은 노고에 대해 어머니라는 이름으로 포장된 과한 찬사를 늘어놓거나, 아줌마라는 이름으로 명명되는 희화화를 용인해왔다. '어머니'라는 이름으로 자기의 일생을 보상받고 싶지 않은 여성들, 아줌마라는 이름으로 마치 중성적인 존재인 것처럼 자기가 대상화되는 꼴을 당하고 싶지 않은 여성들. 그들은 이제 결혼을 선택하지 않음으로써 가족이라는 신화 속에서 걸어 나와서 '나'라는 삶을 선택하겠다고 말하고 있다.

혼자 나이 들어간다는 것의 가장 큰 두려움은 돌봄의 부재이다. 혼자 나이 들어 병들고 돌봐주는 이가 없을 때, 더 이상 경제적 활동을 할 수 없는 경제적 빈곤에 처할 때를 걱정하며 가족을 만드는 것이 유일한 대안인 것으로 여겨졌다. 그것이 한국 근현대사의 발자취였으므로. 그러나 정말 그러한가? 기초생활수급 대상을 선정할 때 부양의무자 문제는 몇 년간 굉장한 논란거리였다. 상황적으로 '혼자'이지만 연락도 닿지 않는 이름뿐인 '부양의무자'인 '자녀'가 있음으로 말미암아, 국가로부터 어떤 지원도 받지 못하는 홀로인 어르신들에 대한 이야기를 너무 자주 들었다. 몇 년 전 온 사회를 떠들썩하게 했던 세 모녀 자살사건에서도 가족으로 그들이 이름 묶여 있는 한, 사회는 그들에게 어떤 지원도 해주지 않았다. 한 번 쓰러지면 재기의 발판을 딛기에 너무 어려운 우리 사회에서, 어떤 모양으로든 경제적 파탄에 이르러 일가족이 함께 극단적인 선택을 하는 사례들은 심심찮게 뉴스를 통해 흘러나온다.

무슨 말일까? 결국 우리 사회를 떠받치고 있던 '가족'이라는 이름의 신화는 점점 해체되어 가고 있다는 것이다. 이는 단지 결혼을 하지 않는 사람들이 늘어나서만은 아니다. 결혼을 해서 가정을 이루고 자녀를 키운다 하더라도, 더 이상 나이 든 부모를 부양하는 것은 자녀의 몫이 아니라는 것이다. 경제적이든, 신체적이든, 정신적이든 한 가정에서 뭔가 어려움을 겪고 있는 구성원이 생겼다면 이제 더 이상 그것을 그 한 가족이 책임져야 하는 시대는 막을 내리고 있다는 것이다. 물론 가정은 여전히 인간 사회를 이루는 가장 작은 단위체이며 관계경험이 시작되는 기초적 공동체이다. 하지만 그 모든 가정이 가족이 꼭 남자와 여자가 결혼이라는 법적인 제도로 묶여서 사회로부터 공인받은 형태여야만 하는 것에 대한 고민은 이제 진지하게 시작되어야 한다.

식구에 밥을 함께 먹는 이들이라는 한자어의 의미가 있음을 너무 잘 알고 있다. 이제 우리 개인이 이루어야 하는 어떤 기초적인 공동체는 꼭 혈연으로 묶이지 않는 어떤 형태여도 괜찮지 않을까를 같이 고민해보아야 하는 시대가 이미 우리 곁에 왔음에도 우리가 외면하고 있었던 건 아닐까? 인류가 존재하는 한, 가족이라는 이름의 기초 공동체는 여전할 것이고 그 끈끈함의 유효함에 대해서는 인정한다. 그럼에도 이제 이 시대는 그 옛날, 우리네 아버지

어머니가 가족이라고 하면 떠올렸던 그런 신화적 울타리는 될 수 없다. 우리는 이미 너무 많이 개인화되고, 파편화되었으며, 더 이상 가족을 통해 우리의 걱정되는 노후를 충족시킬 수 없음을 알고 있다. 단지 내놓고 인정하고 논의하기에 주저하고 있을 뿐.

더 이상 결혼을 꿈꾸지도 않는 세대, 결혼에 대해 망설이는 세대, 가족이라는 울타리에 대한 환상을 버리는 세대가 왔다. 우리가 젖어 있던 혈연이라는 이름의 가족이라는 신화에서 벗어날 때, 그러면 우리가 새로이 꿈꿀 수 있는 기초 공동체는 어떤 것이 될 수 있을까? 개별적으로만 살아갈 수 없는 것이 인간의 한계임을 알고 있기에, 어떤 형태로든 함께함에 대한 욕구는 늘 우리와 함께할 것이다. 더 이상 결혼을 꿈꾸지 않는 시대, 우리는 그리고 당신은 어떤 모양새의 함께함을 꿈꾸는가? 당신이 꿈꾸는 그 모양새를 함께 나누어보자. 그럴 때에 그것은 꿈이 아니라 현실이 될 것이므로.

결혼을 하든 안 하든 중요한 건
내가 내 인생에서 무엇에 우선을 두고
무엇이 더 소중한가에 대해 답하는 것이다.
이는 어떻게 온전히 내 인생의 주인으로서
나 자신에 대해 책임을 지고 살아갈 것인가에 대해
스스로 대답하는 것이다.

———

1인 결혼식을 치르기로 선택한 여성들,
그녀들은 나와 세상을 변화시켜 가고 있는 이들이다.
"진짜 너를 찾아가는 삶의 방식을
선택한 너를 응원해! 있는 힘껏, 온 맘 다해!"

Chapter 2

혼자인 삶,
나를 바라보는 나의 눈

1

멀쩡한데
왜 싱글이래?

나는 내가 멀쩡하지 않다고 생각해본 적이 없다. 물론 내 마음속의 여러 부대낌들, 나에 대한 약간의 원망과 후회스러움, 자책 같은 감정들이 없을 수는 없다. 하지만 그런 것들이 나를 멀쩡하지 않다고 생각하게 하지는 않았다. 눈에 띄는 외모도 아니고, 어릴 때부터 예쁘다는 말을 별로 듣지도 않았다. 머리가 특출나서 1등만 도맡아 하는 수재도 아니었고, 뭔가 특별한 걸 가진 인재도 아니었다. 대학도 많은 친구들이 그랬던 것처럼 점수에 맞춰 별로 좋아하지도 않은 과에 진학한 이후부터는 앞으로 뭘 하고 살아야 하나 하는 고민을 하는 20대였다. 돌아보면 오히려 후회가 많은 20대였다. 그래도 나는 내가 멀쩡하지 않다고 생각하지 않았다. 30대에는 참 열악한 시민사회에서 일했다. 누가 알아주지 않아도, 밤새 일하고, 쫓아다니고, 시위도 하고, 글도 쓰고, 사람도 많이 만나고 참 치열하게 살았다. 행복했다. 나는 내가 매우 멀쩡하게 느껴졌다.

멀쩡하다는 말의 의미는 뭘까? 30대 초중반을 넘어서면서 가장 많이 들었던 말 중 하나가 '멀쩡한데 왜 싱글이야?'라는 말이었다. 저 말이 저렇게 연결된다는 의미에 대해서는 아직도 선뜻 이해가 되지 않는다. 멀쩡함의 기준은 무엇이며, 그럼 멀쩡하지 않으면 결혼을 하지 말라는 뜻인가? 아마도 사람들이 나에게 '멀쩡한데……'라고 말할 때의 나는 어떤 사람일까? 전문적인 일을 하는 내 자리에서, 나의 일을 부끄러워하지 않으며, 다른 사람과 크게 마찰을 빚지 않으며, 조직 안에서도 크게 튀지 않으며, 적당히 꾸밀 줄도 아는, 그런 말들이 포함되어 있었던 거 같다. 그래서 뒤에 따라 나오는 말은 '그런데 그런 사람이 왜 결혼을 하지 않니?'였다. 사실은 '하지 않니?'가 아니라 '왜 못 하니?'라는 의미에 가까울 수도 있었겠다. '왜 못 하니?'라는 말의 속뜻은 '눈이 너무 높은 거 아니니?'라는 의미도 포함되어 있다. 나도 '나는 왜 결혼을 못 하고 있지?' '내가 뭐가 못났을까?' '정말 내가 너무 눈이 높은가?'라는 등의 생각을 하지 않은 건 아니었다. 그리고 친했던 친구들이 하나둘, 결혼이라는 일상으로 들어가면서 남편 이야기를 하고 아이 이야기를 하기 시작했을 때, 뭐라도 한마디 거들라치면 '넌 결혼 안

해봐서 몰라'라는 대답 앞에 '그럼 말을 하지 말던가'라고 속으로 주절대던 때도 있었다.

30대 중반 이후를 거치면서 사람들이 내게 한 말들이 있다. "정말 괜찮은 사람이 있는데, 네 눈에 찰지 모르겠어. 아파트도 한 채 가지고 있고. 근데 키가 좀 작아. 키는 너도 그렇게 크지 않으니까 괜찮지 않을까?" "그 사람, 결혼 한 번 실패하긴 했는데 그쪽 여자가 정말 이상했대요. 나중에 혼자 살면 정말 외로워요. 직업도 괜찮고, 주변에서도 좋은 사람인데 여자 잘못 만나서 그렇게 결혼에 실패했다고 정말 안타까워한대요." 난 내 입으로 한 번도 내가 결혼하고 싶으니 결혼 상대를 소개해달라고 말해본 적이 없다. 그럼에도 사람들은 내게 이런 말들을 건네왔다. 나의 의사는 물어보지도 않은 채. 공손하게 거절을 해야 할지, 조목조목 따져야 할지 난감했다. "글쎄요, 뭐. 혼자 사는 것도 나쁘지 않아요. 정말 인연이 되면 언젠가 자연스럽게 만나지겠죠. 못 만나도 크게 상관없고요." 이게 내가 할 수 있는 최대한의 공손한 사회적 응대였다.

나는 늘 나를 멀쩡하게 여기고 있었는데 왜 결혼은 하지 않았을까? 그렇다고 내가 무슨 거창한 페미니즘 운동을 한 것도 아니었는데. 결혼에 대해 그다지 환상도 없었지만 그렇다고 결혼이 어두컴컴한 동굴생활처럼 그려지는 것도 아니었는데……. 답은 하나다. 그냥 내가 결혼하고 싶은 상대를 만나지 못했을 뿐이다. 더 솔직히 말하면 결혼하고 싶은 상대가 있었지만 그가 나와 결혼하고 싶지 않아 했고, 그래서 결혼을 하지 않은 것, 그뿐이다. 이후로는 딱히 결혼을 해서 삶을 같이 누려야겠다고 생각해본 상대가 없었을 뿐이다. 그렇게 멀쩡한 나는 결혼을 하지 않았을 뿐이고 지금은 혼자 사는 삶을 선택했다.

사람들은 통상적으로 어느 정도 배웠고, 직업도 있고, 성품도 그렇게 나쁘지 않은 그런 사람을 멀쩡한 사람이라고 이야기한다. 그리고 멀쩡한 사람은 꼭 결혼을 해야 한다고 여긴다. 결혼을 하지 않은 사람은 뭔가 상품에 하자가 있듯이 인생에 하자가 있는 사람이라 여기며. 정말 그럴까? 사실 사람에게 멀쩡하다는 말을 붙여 그 사람을 설명하려고 하는 자체가 너무나 터무니없다. 한 사람이 멀쩡하고 아니고를 누가 결정하겠는가? 물론 성인이 되어서 더 이상 부모에게 자신의 삶을 의지하지 않고, 다른 사람에게 폐 끼치지 않으며 자신의 삶은 자신이 책임질 수 있어야 할 것이다. 이런 삶은 여성에게도, 남성에게도 모두 필요한 부분이다. 하지만 결혼이라는 것이 꼭 그렇게 준비된 것처럼 보인다고 해서 모두에게 가능한 일도 아니고, 준비가 되지 않았다고 해서 모두에게 가능하지 않은 일도 아닐 것이다. 중요한 건 결혼을 선택하는 나의 가치관인 것이다. 나는 어떤 사람과 결혼하고 싶은가? 소위 말하는 멀쩡하다는 조건이 갖추어진 사람이라면 나는 결혼을 선택할 마음이 있는가? 수학공식처럼 떨어지는 답이 있을 수는 없겠지만 적어도 자기 삶의 중요한 한 이벤트를 선택함에 있어 이 정도의 질문에 대한 자기 가치관은 있어야 하지 않겠는가?

그리고 멀쩡한지 아닌지는 타인이 내게 대해 내려주는 정의가 아니라 내가 나에 대해 내려야 하는 정의이다. 여기에는 직업도, 재산도, 외모도 모두 포함될 수 있지만 무엇보다 중요한 것은 '내가 나를 자랑스러워하는가' 하는 것이다. 지금 현실을 열심히 살아가고 있는 나, 어떨 때는 불안하고, 어떨 때는 외롭고, 어떨 때는 두려우며 반대로 어떤 때에는 혼자 있는 것을 충분히 누리는 나! 그런 내가 정말 자랑스러울 때 나는 멀쩡한 사람이며, 그렇게 멀쩡한 사람이기에 싱글의 삶 역시 충분히 누리고 있다는 자신감을 가지기를. '멀쩡한데 왜 싱글이래?'라고 말하는 이들에게 '난 너무 괜찮은 사람이라서 나랑 같이 스텝을 맞출 수 있는 괜찮은 사람을 만나지 못했어. 앞으로 만날 수도 있고, 영원히 못 만날 수도 있을 거야. 만나든 만나지 못하든 그게 중요한 건 아닐 거야. 중요한 건 지금 나의 삶이 난 충분히 괜찮아. 난 이 삶을 누리고 싶어!'라고 말하는 당당함. 이런 자신감이 싱글이라 더욱 멋진 당신을 보여줄 것이다.

2

싱글,
나만의 장점을 적어보자

"언니, 오늘 못 만나겠어. 애가 아파. 병원에
가야 할 거 같아. 미안해, 언니." 거의 1년 만에 만나기로 약속을 잡
았던 후배에게서 톡이 왔다. "그래, 그래. 애가 많이 아픈 건 아닌지
모르겠다. 얼른 병원 다녀와. 에구, 힘들겠다." 얼른 답문을 하고는
외출준비를 하던 손길을 멈추었다. 토요일 오후, 정말 오랜만에 만
나기로 한 친구와의 약속이 있는 날이었다. 내가 바빠서가 아니라
전업주부인 그 친구가 바빠서 잡지 못했던 약속이었는데, 결국 그
렇게 또 약속은 파투가 났다. 같이 자취를 하면서 20대 후반 시절
을 매우 친하게 보냈던 그 친구는 나보다 10년 일찍 결혼을 했다.
그리고 지금 남편과 잘 살고 있다. 하지만 자주 만날 시간은 없다.
통화도 이제야 가끔 하지, 아이들 어릴 때는 통화하기도 힘들었다.
내가 통화할 시간이 될 때는 그 친구가 안 되고, 그 친구가 통화할

수 있는 낮 시간은 내가 일하는 시간이었다. 무슨 장거리 연애도 아니면서 우리는 그렇게 서로의 삶의 타이밍을 맞춰가기를 놓치며 지내고 있었다.

"언니는 좋겠다. 그래도 언니 하고 싶은 일 하잖아." 그 친구는 늘 그렇게 말했다. 자신의 일에 대해 욕심이 그렇게 많지 않았던 친구였지만 집에서 아이 키우면서 자기 일 없이 나이 들어가는 게 때론 한심스럽게 느껴진다고 했다. 그럴 거면 뭘 그렇게 공부를 많이 했나 싶기도 했다며, 돈 때문에 힘들 땐 나도 돈을 벌어야 하는 게 아닐까 하는 불안감에 시달린다고 말했었다. 많은 전업주부들이 하는 이야기이다.

내가 가르치던 여학생 엄마는 나한테 말했다. "우리 세영이가 나중에 커서 선생님처럼 혼자 살고 싶대요. 선생님은 엄마랑 나이도 같은데 살도 안 찌고 잘 꾸미고 자기 일도 하고 되게 멋있어 보인대요. 혼자 사는 게 좋겠대요. 우리 세영이 결혼 진짜 안 하면 선생님한테 따지려고요." "네, 그러세요. 그래도 걱정하지 마세요. 세영인 결혼할 거 같아요." "그렇겠죠? 하하." 우리 둘은 서로 웃음을 터뜨렸다.

혼자 산다는 것, 그 삶을 누려보지 못한 누군가에게는 굉장한 로망이 될 수도 있다. '가지 않은 길'이라는 시도 있듯이 인간은 누구나 가보지 못한 길에 대한 동경과 아쉬움을 가지고 있다. 내가 그때 저 길을 선택했다면, 내가 그때 그 사람을 차지 않고 계속 만났더라면, 내가 그때 그이와 결혼했더라면, 내가 그때 다른 직장에 갔더라면……. 우리는 그때 그랬더라면이라는 무수한 가정들과 그에 따라 달라질 결과들에 대한 상상의 시간을 보낸다. 그게 사람의 모습이다. 그런데 결혼은 특히 여성들에게 있어 더욱 그러한 결과물이다.

많은 전업주부들은 결혼하지 않고 싱글로 사는 친구들을 보며 부러움의 말을 토해내곤 한다. 내가 누구 좋으라고 결혼해서 신랑한테 매여, 애한테 매여, 집 지키는 강아지도 아니고 이게 뭐냐며, 혼자 사는 너는 좋겠다고. 아침, 저녁 챙겨줄 딸린 식구 없어, 자고 싶을 때 자고 일어나고 싶을 때 일어나고, 여행 가고 싶으면 여행 가고, 어디 하나 매인 게 없으니 얼마나 자유롭냐고. 그렇게만 따지면 싱글은 정말 세상만사 편해 보인다. 어디 매인 데 없으니. 하지만 중요한 게 하나 있다. 싱글은 나 자신에게 매여 있는 사람이다. 싱글은 외부의 통제가 아니라 나와의 싸움, 나 스스로에 대한 나의 절제와 통제와 인내를 평생 실천하며 살아야 하는 사람이다. 누군가를 돌보거나 매여 있지 않기는 하나, 내가 나 자신을 돌보지 않으면 누구 하나 나를 돌봐줄 사람이 없다는 걸 뼈저리게 느끼기 때문에 혼자 살아남아야 하는 사람이다.

이런 '혼자'에 대한 자부심을 가지지 못한다면, 싱글의 삶이라는 건 굉장히 초라해 보이고 때로는 연민 어린 시선으로 바라봐지는 대상이 되어버린다. 왜 남자는 나이 들수록 싱글인 삶이 별로라고 말하겠는가? 궁상맞아 보인다는 것이다. 의식주부터 생활의 통제까지 헐거워 보이고 초라해 보이고 어딘지 연민이 느껴진다는 거다. 여성은 그보다는 좀 덜하긴 하나 그럼에도 자신의 삶에 대해 자신을 가지지 못하는 여성도 그렇게 보일 수 있다.

다른 사람의 부러움을 먹고 사는 삶이 꼭 좋은 삶은 아니다. 다른 사람의 삶을 부러워하기만 하는 삶도 좋은 삶은 아니다. 하지만 삶의 자존감이라는 건 적어도 내가 나의 삶을 인정하고 나의 삶을 겉으로 펼쳐놓았을 때 다른 이들로부터 "와, 너 잘 살고 있네! 네가 사는 삶의 방식, 괜찮다. 너 남편 없이, 아이 없이 멋지구나!"라는 말을 들을 수 있을 때 상승되기 마련이다.

싱글로 사는 삶 가운데서 "와, 너 잘 살고 있네!"라는 말을 듣기 위해 가장 먼저 해야 할 것은 무엇일까? 그것은 자신의 싱글의 삶에 대한 장점들을 찾아내는 일이다. 좋은 직업, 돈이 많음, 놀거리가 많음, 시간이 많음 등의 것들만은 아니다. 그건 외형을 이루고 있는 모양이다. 외벽 같은 것이다. 그 외벽으로 둘러싸인 내 삶이라는 건축물의 뼈대는 무엇이고, 그 뼈대를 받치고 있는 기초석은 무엇인지를 스스로 아는 것, 그것이 정말 중요하다. 그것에 대해 만족하고 자랑스러워할 수 있을 때 나의 삶은 "와, 멋있네!"라는 말을 들을 수 있게 되는 것이다.

여성 나이가 30대 후반이 넘어가는데 싱글이라면 뭔가 움츠러들고 그렇지 않으면 뭔가 번듯한 직업을 내세워야 할 것 같은 부담감에 시달린다. 쉽게 할 수 있던 연애도 점점 시들해져 가고, 같이 놀던 친구들도 숫자가 점점 줄어든다. 가끔은 더 이상 내가 만족스럽지 않은 내 외모에 불쑥 실망감이 몰려오기도 한다. 혼자 누워야 하는 침대가 운동장만 하게 보이기도 한다. 그런데 그게 결혼을 해야 하는 이유가 될 수는 없다.

나는 지금 싱글인 나의 삶에서 무엇을 자랑스러워하며, 무엇을 만족해하는가? 나의 삶의 장점 리스트는 무엇인가에 대해 스스로 10가지 이상의 답을 찾지 못한다면, 그건 마찬가지로 결혼해서도 스트레스로 다가올 것이다. 싱글인 삶에 대한 나의 장점 리스트를 만들어 보자. 지금 내가 좋아하는 나의 삶의 모습들을 체크하자. 물론 그것이 영원히 이어지지는 않을 것이다. 금세 다른 삶의 환경에 처할 것이고, 금세 다른 불안들이 몰려올 것이고, 금세 다른 역할들을 감당해야 할 것이다. 중요한 건 지금이다. 지금 싱글로 사는 나의 삶에 대한 나만이 가지는 장점과 환희! 그것이 없다면 나는 지금 나의 삶을 허비하고 있는 것인지도 모른다. 남편이 없기 때문에, 아이가 없기 때문에 괜찮은 나의 삶을 리스트를 만들라는 것이 아니다.

혼자 있는 시간을 즐길 수 있는 나, 싱글이기 때문에 계획해 볼 수 있는 나의 미래, 싱글이기 때문에 베풀 수 있는 금전적, 시간적 여유, 싱글이기 때문에 책임져야 할 나의 불안함을 견디고 있는 나 자신의 감정. 바로 이런 모든 것이 나의 삶의 장점이 될 수 있고, 그런 것들이 모아질 때 나는 진정한 지금 여기에서의 싱글인 나의 삶을 사는 게 된다. 기억하면 좋겠다. 그저 사람들이 바라보고 '넌 남편 없어서 저거 할 수 있잖아. 애 없으니까 이거 해도 되잖아'라고 말하는 것들은 그들이 생각하는 것들이다. 남편이 없어서, 아이가 없어서, 시월드가 없기 때문에 내가 할 수 있는 것은 나의 장점이 아니다. 혼자이기 때문에 더욱 온전히 나의 감정에 나의 밑바닥에 집중할 수 있는 더 많은 시간, 돌봐야 할 내 식구들에 대한 의무나 책임이 아닌 '나'에게 집중할 수 있는 시간. 그런 것들을 발견해내고 싱글인 내 삶에 대한 장점으로 즐겁게 받아들여 보자. 내 삶이 훨씬 멋있게 느껴질 것이다.

3

굳이 나를
설명할 필요는 없다

"네가 너인 걸 증명하지 않아도 돼." 웹툰에서 나온 대사다. 트랜스젠더인 A가 사람들의 손가락질과 수군거림을 받을 때, 그를 직원으로 데리고 있던 사장은 A를 감싸며 말한다. "도망친다고 말하지 마. 넌 잘못한 게 아니니까. 굳이 네가 너인 걸 사람들한테 증명하지 않아도 돼"라고. 멋있었다. 트랜스젠더에 동의하느냐 하지 않느냐의 문제가 아니라 굳이 사람들에게 내가 나임을 증명하지 않아도 된다고 말한 대사. 가끔 웹툰, 드라마, 책, 영화들에서 정말 중요한 사람의 정곡을 찌르는 대사들을 만나게 된다. 심리학으로, 상담학으로도 상당히 중요한 말을 핵심을 찔러서 간결하게, 마음에 와 닿게 하는 대사들이 있다. 이 대사도 그중의 하나였다.

나이가 들어서 직장을 옮길 때마다 자기소개서를 써야하는 게 참 싫었다. 구인하는 입장에서야 지원자가 누구인지 알 턱이 없으니 자기소개서라도 열심히 봐야 할 것이다. 반대로 구직하는 입장에서 자기소개서는 때때로 영혼이 털리는 듯한 느낌이 들 때가 있었다. 요즘이야 좀 덜한다 하더라도 우리 사회는 참 유난스러우리만큼 개인에 대해서 질문을 던진다. 결혼 여부, 가족관계, 어디서 학교를 다녔는지 등에 대해 묻고 그런 것들을 알아야만 친해진다고 생각하는 경향이 강하다. 나도 어딘가 새로운 모임에 가게 되면 잠깐 동안 고민을 하게 된다. 대부분은 결혼 여부에 대해 먼저 말하지 않는데, 때로 누구랑 같이 사냐는 둥, 아이는 몇 살이냐는 둥 불쑥 묻는 이들이 있다. 기혼이든 미혼이든 그런 것이 얼마나 사적인 영역이며, 질문하지 않는 게 예의임을 잘 알지 못하는 이들이 많다. 심지어 내가 뭐라고 얘기를 하지도 않았는데, '아이고, 내가 중매를 좀 서야겠네'라는 말을 듣기도 한다. 도대체 그런 폭넓은 오지랖은 어디서 나오는 것인지 알 수가 없다.

생각해보면 우리는 끝없이 나 자신을 누군가에게 증명해야 할 것 같은 강박에 시달린다. 어떤 일을 하고 있고, 어느 회사에 다니고 있고, 결혼을 했는지, 심지어 요즘은 어느 동네에 산다는 것 자체가 나를 증명하는 도구가 되어버렸다. 사람들은 끊임없이 튀지 않는 다수의 군집 안에서 한눈에 확 띄어 보이는 존재가 되기를 갈망한다. 내가 나를 증명하지 못하면 내 존재 가치가 없는 듯한 착각에 빠지기도 한다. 나는 SNS를 그리 즐기는 편이 아니다. 싸이월드가 유행할 때도 그랬고, 뒤이어 트위터, 페이스북, 인스타 모두 별로 관심이 없었다. 예쁘게 재밌게 멋있게 꾸밀 능력도 없었고, 더 솔직히 말하면 왜 그렇게 그 가상의 공간에 시간과 에너지를 투자하는지 이해하기가 힘들었다. 굳이 내가 뭘 하고 있고, 어떤 음식을 누구와 함께 먹고 있고, 누구와 함께 어디에 놀러갔다는 등의 이야기를 다른 사람들에게 알려서 내가 누리는 유익이 별로 없을 거 같았기 때문이다.

만약 내가 개인 SNS로 활동을 잘 하고, 유명해지고, 사람들이 내게 관심을 가졌다면 나도 흥미를 가지고 더 열심히 운영을 했을지도 모를 일이다. 그러나 내가 만약 팔로워를 수천 명 거느리고 있다 한들, 내 삶이 뭐 그리 크게 달라지겠는가? 어쩌면 그 팔로워들을 만족시키기 위해 나는 꾸미고 치장하고 내 것이 아니지만 내 것인 양 만들고 그렇게 했어야 할지도 모른다. 나는 별로 그렇게 살고 싶지 않다. 능력이 없어서이기도 하겠지만 그렇게 '세상에 내가 있어요'라고 외치며 나를 증명해 보이지 않아도 나는 충분하다. 나는 나로서 여기에 있고 나로서 만족하며, 나와 같이 말을 섞고,

생각을 교환하고, 서로의 기쁨과 슬픔에 함께해주는 이들이 있는 것으로 만족할 것이므로.

사실 30대 중반 이후, 결혼을 하지 않은 싱글들의 모임이라 하더라도 그 안에서 경제력에 따라, 직업에 따라, 살고 있는 동네에 따라 일종의 보이지 않는 계급을 나누곤 한다. 혼자 사는 30대 중반 이후, 40대 여성이 멋있다고 인정을 받으려면 뭐가 필요할까? 직업도 멋있어야 하고, 몸매도 20대 못지않아야 하고, 적절한 감각과 위트도 갖추고 있어야 하고, 돈도 있어야 할 것만 같은 느낌이 들지 않는가? 그렇게 살아야만 혼자 사는 삶이 초라해 보이지 않고, 내가 결혼하지 않고도 잘 살았다는 걸 증명할 수 있을 것 같은 조바심이 든다. 나는 결혼도 안 했는데, 이뤄놓은 거라도 있어야지 라며 자기를 몰아쳐서 사회적으로 괜찮아 보이는 또는 선망의 대상이 될 수 있는 것들로 나를 채워 보란 듯이 내보이고 싶다. "세상아, 보아라. 나는 결혼 대신 일을 택했고, 성공했고, 나는 당신들이 부러워하는 멋진 삶을 살고 있다"라고. 어쩌면 아주 당연한 민낯의 욕망일지도 모르겠다. 이런 욕망은 어떤 면에서 당연하다. 단지 그럴수록 그 모든 겉모습을 걷어냈을 때, 나의 잘난 직업과 통장과 몸매와 수많은 팔로워들을 다 걷어냈을 때, 나는 누구이며 어떤 사람인가?

타인에게 굳이 나를 설명하고 싶은 욕망은 나를 포장하고 있는 겉모습을 풍성케 만들어야만 할 것 같은 압박을 나에게 준다. 그렇게 타인에게 나를 설명하고 나면 나는 나에게 나를 설명하고 설득할 수 있을 것인가? 좀 더 솔직해지자면, '내가 결혼을 하지 않고 싱글인 건, 또는 싱글이기 때문에 난 이만큼 해낸 게 있어.'라는 식으로 말하는 이유는 뭘까? 싱글인 나 자신을 스스로 그 자체로 충분한 인간으로, 삶으로 여기지 못하는 무의식이 자꾸만 나도 표준적 인간이라고 소리치고 싶어 하는 것일 수도 있다. 괜찮다. 나를 증명하지 못해도. 결혼해서도 너무 잘나 보이는 워킹맘들도 있고, 결혼하지 않고 나이 들었어도 멋있음과는 거리가 먼 알바 자리로 생계를 꾸려가는 이들도 있을 수 있다. 그런 것들이 나를 증명하지 않는다. 그 껍데기로 나를 증명하고자 애쓰는 순간부터 왠지 나의 싱글 상태는 정상적이지 못하고 변명해야만 하는 상태로 스스로가 여기게 된다. 그러면 숨고 싶어지고, 더 나이가 들어갈수록 왠지 나는 더 초라해진다.

그럴 필요가 없다. 알바를 하든, 팀장이든, 사장이든 타인이 내게 보태준 건 없다. 그냥 내가 살아온 나의 삶이다. 나로 존재하는 나! 지금 여기 두 발 딛고 서 있는 나! 싱글이건 아니건, 두둑한 통장을 가지고 있건 아니건, 번쩍이는 명함을 가지고 있건 아니건. 당신이 지금 스물이건, 서른이건, 마흔이건 상관없이 그냥 그 존재 자체는 반짝임이다. 당신의 존재 자체가 반짝임을 받아들이고, 그 반짝임을 드러낼 때 굳이 나를 타인에게 설명해주지 않아도 되고, 증명을 요구받지 않아도 된다. 나는 내가 살아 있다는 것 자체로도 충분히 반짝이며 증명할 수 있으므로!

4

나는 누구의
사모도 아니다

서른을 넘어가면서 중반쯤 되면 친구들이 공통으로 하는 얘기가 있다. "내가 어제 마트에 갔는데 뒤에서 '아줌마' 하고 부르는 소리가 들리더라고. 그냥 지나가는데 어떤 애가 뛰어와서 나를 톡톡 치면서 '아줌마, 이거 떨어졌어요' 하더라. 비현실적이었어. 아줌마라니……." 이런 종류의 이야기들. 이름을 부르는 것이 익숙하지 않은 우리 사회에서는 모르는 어른을 부를 때 어떤 말로 불러야 할지 약간 당혹스러운 경우가 있다. 듣는 사람 입장에서 뭐니 뭐니 해도 난 아직 결혼을 하지 않았는데 아줌마라고 불려야 하는 그 순간의 당혹스러움이란. '가끔 아저씨도 그럴까?'라고 생각해봤는데 아저씨는 별로 그렇지 않은 거 같다. 아줌마. 도대체 이 단어가 주는 뉘앙스는 뭘까? '아줌마'라는 의미를 사전에서 찾았더니 아주머니를 낮추어 부르는 말, 또는 어린아이의 말로 아주머니를 부르는 말이라고 한다. 그러면 아주머니는 뜻이 뭘까?

> **【아주머니】의 사전적 뜻**
>
> 1. 부모와 같은 항렬의 여자를 이르거나 부르는 말
> 2. 남자가 같은 항렬의 형뻘이 되는 남자의 아내를 이르거나 부르는 말
> 3. 남남끼리에서 결혼한 여자를 예사롭게 이르거나 부르는 말

이렇게 보면 그렇게 나쁜, 비하하는 뜻이 담겨 있는 것 같지 않다. 실제로 우린 아줌마라는 말의 의미를 어떻게 받아들이는가? 억척스럽고 자기 자녀를 위해서는 뭐든 다 하고, 왠지 배려심도 별로 없어 보이고, 자기 것만 챙기는 것 같은 그런 느낌들 말이다. 결혼하고 아이를 키우면서 자기 울타리 외에는 돌볼 여력이 없어, 자신의 여성성은 어느새 사라져버린 여성들에게서 느껴지는 어떤 비참함 내지 닮고 싶지 않은 그런 모습들이 연상된다. 그래서 싱글 여성들은 아줌마라고 불리는 것에 대해서 어떤 의미에서는 '타인의 눈에 나의 여성성이 소거되고 있는 거 아닌가'라는 일종의 불안, 젊고 예쁜 나의 꽃 같은 시절이 지고 있다는 것에 대한 스스로의 박탈감 등을 느끼는 것인지도 모르겠다.

그런데 재밌는 게 있다. 마흔이 되니 길거리에서는 그렇게 부르는데 내가 뭔가 결정하는 자리, 주문하는 자리, 돈을 내야 하는 자리에 가면 사모님으로 변신한다. 부동산 사장님도 내가 직장의 명함을 내밀기 전에는 사모님이라 부르고, 집에 에어컨을 설치하러 오신 기사님도, 막힌 하수구를 수리하러 오신 사장님도, 모처럼 간 백화점 매장에서 매니저도 그들은 어김없이 나를 '사모님'이라고 부른다.

【사모님】
1. 스승의 부인을 높여 부르는 말
2. 남의 부인을 높여 부르는 말
3. 윗사람의 부인을 높여 부르는 말

결국 사모님이란 누군가의 부인을 부르는 말이 아닌가. 나는 누구의 부인이 아닌데 혼자 사는 여성이 받을 수 있는 최대의 존중이 사모님이란 호칭이란 건 결국 누군가의 부인으로 불리는 것밖에 없다는 뜻이 함축되어 있다. 그래서 한번은 "저 사모님 아닌데요"라고 말한 적이 있다. 아마 어떤 서비스 업무를 하던 분이었을 거다. 당황해하셨다. "그냥 선생님이라고 부르시면 돼요"라고 말했다. 나도 내 입으로 '사모님이 아닌데요'라고 말하고 났더니 마땅히 떠오르는 호칭이 없었다. 앞으로 매번 자주 만날 것도 아닌데, 목사님, 교수님, 대표님 등등의 호칭으로 불러달라고 말하기는 내가 생각해도 좀 웃겼다. 그래서 결국 튀어나온 단어는 선생님이었다. 그저 가장 성별 관계없이 무난한 호칭이라 여겨졌기 때문이리라.

내가 결혼을 하지 않았기 때문에 아줌마나 사모님으로 불리는 게 싫은 것만은 아니다. 아줌마든 사모님이든 그건 상대에 의존한 나의 정체성을 드러낸 호칭이기 때문이다. 여자들은 나이가 들면 꼭 그렇게 누군가와의 관계에 의존한 정체성을 드러내는 호칭으로 불려야 한다는 게 그저 좀 못마땅할 뿐이다. 그건 누군가에게 속해 있다는 말이지 않은가.

나는 누구에게도 속해 있지 않은, 내 인생을 나 스스로 책임지는, 1인 세대의 가구주이며 세대주이며 가장인 나일 뿐이다. 나이가 든 여자들은 누군가에게 속해 있는 사람으로서만 대접을 받을 수 있다는 흔적이 남아 있는 그 호칭법이 싫다. 이건 결혼을 한 이들이 불리는 방식에서도 마찬가지다. 누구누구의 엄마, 누구누구의 아내가 아닌 그저 내 이름으로 불리는 나일 때만 내 존재는 온전해진다.

사실 아줌마나 사모님 말고도 우리는 사회에서 모두 뭔가 호칭을 붙여서 상대를 부른다. 교수님, 사장님, 대표님, 부장님, 팀장님, 이사님 등. 그리고 그 호칭이 주는 무게에 대비해 상대를 파악하기도 한다. 내가 굽히고 들어가야 할 사람인가, 나보다 만만하게 봐도 될 사람인가 등이 그것이다. 그래서 집단상담에 가면 나이가 어리건 많건 남자건 여자건 모두 별칭을 짓는다. 그리고 별칭으로 서로를 부른다. 거기에는 서로가 서로를 동등하게 대하겠다는 의지가 표명되는 것이다. 우리 사회가 그런 사회가 되면 좋겠다. 여자든 남자든, 기혼이든, 미혼이든 누군가에게 자기를 드러낼 어떤 사회적 명함이나, 누군가에게 소속된 어떤 이름으로 증명되는 것이 아닌, 그저 "나는 ○○○입니다"라는 이름 자체로 충분한. 그래서 선입견을 가지지 않고, 처음부터 지나치게 호의적이거나 지나치게 무시하지 않고, 그냥 모두 동등한 출발과 입장에서 서로를 바라보고 부르는 그런 사회.

그런 사회에서는 혼자 살아가는 여성, 누구의 사모도 아닌 1인 여성 세대주이자 가구주로서의 삶도 좀 더 자유롭고 안정되고 당당할 테니 말이다.

5

N년 후의
나를 그리다

　　나이가 들면 저절로 배워지고 알게 되는 게
하나 있다. 삶에서 정말 중요한 거다. 그건 내가 계획한 길대로 내
삶이 따라 걷지도 않고, 이루어지지도 않는다는 거다.

　　얼마 전에 아는 후배가 직장 재계약 대상에서 탈락했다. 후배
는 그 직장을 매우 마음에 들어 했었다. 계약직이긴 했지만 꽤 안
정적이었고, 원한다면 계약을 계속 연장할 수도 있었다. 그런데 회
사의 운영주체가 바뀌면서 재계약이 이루어졌다. 모집공고를 내긴
했지만 대부분 고용승계로 재계약이 될 거라고 얘기해줬고 철석같
이 믿었다. 서류전형과 면접 등 모든 채용과정에 함께 응했다. 그
런데 웬일, 후배는 재계약 대상에서 제외되었고, 졸지에 실업자가
되었다. 그 직장을 다니기 때문에 할 수 있었던 박사과정 진학이며

다른 여러 가지 계획들이 있었는데 그 모든 게 수포로 돌아갔다. 후배는 말했다. "선배, 인생은 절대 계획한 대로 되지 않아요."

그래, 인생은 계획한 대로 되지 않는다. 금방 될 줄 알았던 취직의 문턱은 너무 높기만 하고, 꼭 그이가 아니면 안 된다는 마음으로 맹렬하게 연애하고, 결혼준비까지 했건만 어느 날 너무 어이없이 헤어지기도 한다. 절대 결혼 같은 건 하지 않겠다고 나와 헤어지고 갔던 어떤 놈은 불과 3달 만에 2달 만난 여자와 결혼을 했다. 자기 몸에 걸친 것 중 내가 사주거나 골라주지 않은 건 하나도 없다고 말하며 7년을 나와 같이 붙어 다녔던 그이가.

어릴 때는 공부만 열심히 하면 노력의 결과에 따라 모든 것이 달라질 수 있는 줄 알았다. 물론 그 공부에 관한 노력을 열심히 하지 않아서 문제긴 했지만. 어떻게 보면 그때야말로 계획한 대로 인생이 굴러가고 노력한 만큼 대가가 나온다는 걸 체험하는 유일한 시기가 아니었을까 하는 생각이 들기도 한다.

30대 중반 이후를 지난 여성들 중에서도 자기 나름 인생을 계획한 대로 잘 살아왔다고 말하는 이들 중에 자기는 꼭 30 중반 이전에 결혼을 하려고 계획했는데, 그 계획대로 되지 않아서 미칠 거 같다고 말하는 이들도 있다. 이들은 결혼을 안 한 것 자체가 문제라기보다 자기 인생이 자신의 플랜에 따라 이루어지지 않는 것에 더욱 분노하고 못 견뎌 했다. 즉, 자기 노력에 대한 합당한 대가를 받지 못했다는 것, 스스로가 자신의 인생에 대한 통제권과 주도권을 가지지 못한 듯 느껴지는 현실 앞에서 무기력해지는 스스로를 견딜 수 없는 것이다. 그래도 어쩌겠는가, 인간이 신이 아닌 이상 인생은 계획대로 흘러가지 않는다. 어쩌면 신도 중간에 그 계획을 바꿀 수도 있는데, 인간쯤이야. 내가 내 인생에 그린 로드맵이야 하룻밤 새 변할 수도 있다. 인생은 그런 이치(?)이자 순리를 받아들여야 편해진다. 그래야 내가 계획한 대로 되지 않았을 때, 툴툴 털고 일어나서 다른 길을 재빠르게 찾을 수 있다.

이것이 인생이란 것도 알고, 또 내가 할 수 없는 게 뭔가를 알아가는 40을 바라보는 나이. 그렇다고 모든 걸 손 놓고 나이 들어가는 내가 초라하다고, 알 수 없는 우울함과 무기력함에 그대로 주저앉아 있을 수는 없다. 받아들이고 수용하는 것과, 포기함으로 패배하는 것은 다른 이야기이기 때문이다. 나는 인생이 내 계획대로 되지 않고, 어느 날 갑자기 예상치 못했던 사건이 툭 치고 들어옴으로써 방향이 바뀔 수도 있다는 것도 안다. 그럼에도 나는 계속 나의 미래를 그리고 5년 후, 10년 후, 15년 후, 20년 후의 나를 그린다. 나에 대해 꿈꾸고, 나의 미래를 그린다. 꿈꾸고 미래를 그리는 것도 일종의 계획이다. 그 계획대로 되지 않을 가능성이 훨씬 높다는 것도 알고 있다. 그럼에도 미래를 그리고 꿈을 꾸고 나의 모습을 상상하는 이유는 뭘까?

인간은 꿈꾸는 존재이고, 희망을 가지는 유일한 동물이다. 미래는 알 수 없는, 예측할 수 없는 불안과 함께 오지만 더불어 예측할수 없고 알 수 없는 미래와 함께 온다. 이 둘의 균형을 마음속에 유지하며 잘 맞추면서 살아가는 사람이 건강한 사람이라고 할 수 있다. 알 수 없고, 앞으로 닥칠 수 있는 미래에 대해 불안에 떨면서 모든 걸 계획하고, 통제하고 내 뜻대로 하고자 하며, 계획 밖 위험요소들을 최대한 제거하려 든다면 불안은 더욱 가중될 수밖에 없다. 그런 이들이 플랜 A부터 플랜 Z까지 짠다. 그래서 플랜 A가 되지 않았을 때, 플랜 B로 넘어가기 이전 플랜 A-1이 있을 수 있는 가능성을 차단하게 된다. 그렇게 될 때 불안장애, 강박, 공황 등의 증상을 경험할 가능성이 높아진다. 하지만 미래를 꿈꾸고 희망하는 이들은 어떠할까? 꿈꾸고 희망한다는 건, 그 몇 년 후의 내 모습을 그린다는 건 단지 계획을 세우고 플랜을 세우는 것과는 좀 다른 결의 이야기이다. 훨씬 더 넓은 큰 그림을 그리는 것이다.

10년 뒤 내 모습을 그려보라 하면 대부분은 내가 어떤 직장에 다니고 있고, 연봉은 얼마나 받고 있으며, ○○이라는 동네의 어떤 집에서, 누구와 함께 눈뜨는 아침을 떠올린다. 그리고 주말에는 뭘 하고, 여행은 어디를 다녀오고. 이런 것들을 그릴 수 있다. 나쁘지 않다. 그런 미래는 때로 우리를 웃음 짓게 하고 상쾌하게 만들기도 한다. 하지만 앞으로 일이 십 년 뒤의 나를 그려보라는 것은 내가 어떤 일을 하며 어느 동네에 살고, 얼마나 돈을 잘 버는 사람이 될 것인가를 그리자는 것은 아니다. 내가 어떤 삶을 살아갈 것인가를 준비하는 것이 필요하다. 연봉의 수준과 상관없이 내가 사는 동네와 상관없이, 나의 직업과 상관없이 나는 그때의 나를 지금보다는 더 따뜻하게 맞이할 것인가, 나를 둘러싼 사람들에게 나는 좀 더 너그러운 사람이 되어 있을 것인가, 내 가족과 내 친구들과 내가 속해 있는 어떤 커뮤니티에서 나는 어떤 영향을 미치는 사람이 되어 있을 것인가 등이 그것이다. 나는 어떤 존재로 살아가고 있을 것인가에 대한 꿈을 꾸어보는 일. 그것이 미래를 그리는 나의 일이다. 물론 그 안에는 구체적인 직업도, 연봉도 포함되지만 내가 꼭 그 직업을 가지지 않고 그 연봉을 받지 못한다고 해서, 주변 사람들에게 너그럽고 포용적인 언니가 되지 못한다는 법은 없지 않는가? 눈에 보이는 것들은 빨리 모아지고 쉽게 사라진다. 하지만 눈에 보이지 않게 내 속에 모여진 것들은 차곡차곡 쌓여간다. 그리고 그 차곡차곡 쌓여진 빛은 어느 순간 나도 모르게 빛나게 되어 있다. 나는 내 얼굴에 점점 더 책임지는 사람으로 나이 들어가고 싶다. 온화한 얼굴, 옅은 미소, 나를 표현하는 시 한 편, 누군가의 손을 붙잡아 줄 수 있는 주름진 손, 토닥토닥 어깨를 다독여줄 수 있는 너른 가슴. 그런 것들을 가진 사람으로 점점 더 나이 들어가는 나를 그린다.

아래의 글은 내가 서른 살일 때 나는 이렇게 나이 들어가고 싶다고 썼던 글이다. 나는 오늘 되묻는다. 지금 그렇게 나이 들어가고 있느냐고…….

〈내 나이 오십에는〉

내 나이 오십에는 이런 사람 되게 하소서

영혼을 향한 따뜻한 눈과 미소를
지녔으되
헤프거나 낭비되어 보이지 않고

영혼을 향한 새벽 공기와 같은
시원함을 지녔으되
쌀쌀맞거나 막혀 있지 않게.

정직하고 진솔하되 무거워 보이지 않고
맑고 순수하나 가볍지 않아
세상의 바람에 몸을 맡길 줄 알되
쉬 날려가지 않도록

단단한 뿌리를 당신께 두고 있어
그 눈이 그 목소리가
타인의 영혼을 위로하게 하소서

이 모든 것이 당신으로부터 오는 사랑임을

아나니

그 사랑 내 몸에 가득 담아

걷는 걸음 한 발자국에서

햇살 담은 미소처럼 번져나게…

내 나이 오십에는

그런 사람 되게 하소서.

6

나는 나의 가장 좋은
친구가 되기로 했다

"너랑 제일 친한 사람은 누구야?" 어릴 때는 이 질문을 참 많이 받았다. 요즘도 상담실에 아이들이 오면 묻곤 한다. "친하게 지내는 친구는 몇 명 있어?" 예나 지금이나 친구는 참 중요하다. 그런데 공부하면서, 살면서 나이가 들어가면서 나는 이 질문에 대해서 나에게 말하곤 한다. "나는 나에게 가장 좋은 친구가 되고 싶어"라고.

상담을 하다 보면, 상담 중반기 이후쯤 되면 많은 내담자들이 묻는다. "나를 사랑해야 한다는 건 알겠어요. 그런데 뭘 어떻게 하는 게 나를 사랑하는 건지 모르겠어요." 맞다. 나를 사랑한다는 건 참 쉽지 않은 일이다. 아마 내가 나를 충분히 잘 사랑하게 되면 나는 바람대로 내 자신이 스스로 나에게 가장 좋은 친구가 되어줄 수 있을지도 모르겠다. 사실 나를 사랑해야 한다는 말은 요즘 우리가 가장 많이 받는 주문 중 하나다. 많은 자기계발서에서 또 상담에서, 인생의 멘토라고 불리는 사람들이 자기를 사랑하라고 말한다. 그런데 때로 선문답처럼 들린다. 도대체 뭘 하라는 거야? 그냥 무작정 다 받아주라는 거야? 나 하고 싶은 대로 하고 살면 돼? 너무 이기적인 거 아냐? 등등의 생각을 하게 된다.

당연하다. 우리는 어려서부터 나를 사랑하는 법을 익히기 전에 남에게 먼저 사랑받는 법을 익히려고 노력해왔기 때문이다. 그건 뭔가를 잘함으로써 얻을 수 있는 결과였다. 예를 들어 인사를 잘하고, 잘 웃고, 부모님 말씀 잘 듣고, 공부를 잘하고, 착하고, 배려하고 등등 셀 수 없이 많은 타인으로부터 나에게 주어지는 요구들에 따르는 것이었다. 어린 시절엔 부모로부터 나에게 주어졌던 미션 같은 것들을 그대로 따라서 잘 수용하면 나는 사랑받고 인정받는 아이가 될 수 있었다. 사랑받고 인정받아야만 생존에 유리하다는 걸 우리는 본능적으로 알고 있었다. 소위 말하는 모범생인 말 잘 듣는 착한 아이들은 오차나 흐트러짐 없이 그걸 다 받아들이고 자랐다. 나이가 들고 괜찮은 직장에 다니면서 꽤 안정적으로 살고 있는 여성들 중 대다수는 그러한 삶의 과정을 밟아왔을 가능성이 농후하다. 부모님을 실망시키지 않고, 다른 사람들의 기대에 어긋나지 않으며, 사회에서 정한 규칙에 맞는 길을 잘 따르며 자라왔을 가능성이 높다. 그렇게 살아오면서 한 가지 잃어버린 게 있다. 나의 감정, 나의 욕구 등이 무엇인지에 대해서는 제대로 관심을 기울여주지 않은 것이다. 요구받은 게 나의 것인 줄 알고 살았다. 스스로 진짜 내면에서 올라오는 것들은 통제하고 감시한 채, 다른 사람들로부터 칭찬받았던 나의 모습만 나인 줄 안다. 온순하고 친절하고 배려하지만 똑똑하고 야무지게 보이고 흐트러짐 없는 그런 내가 진짜 나인 줄 알고 살아온 것이다. 그렇기 때문에 자기 내면에서 올라오는 감정들, 부정적 느낌들 그런 것들은 가능하면 느끼지 않고 싶어 한다. 또는 느끼지 못한다. 내가 요구받았던 그 기대에 스스로 다가가지 못하면 자기 스스로 실망하고 안타까워하고 심지어 비난하기까지 하는 것이다. 여기서 내가 나를 사랑한다는 것이 어떤 것인지를 알 수 있다. 내가 나를 사랑한다는 것은 내 속에 있는 진짜 감정들을 인정하고, 그것을 비난하지 않은 채, 알아차리고 그대로 수용하고 받아들이는 것이다. 즉 자기의 긍정적인 면뿐 아니라 부정적인 면들까지 알아차리고 수용하고 이해하고 받아들여야 한다는 것이다.

꽤 유명한 외국계 회사의 한국 지점에서 팀장을 하고 있는 30대 후반의 여성이 상담을 하러 온 적 있었다. 그녀는 외모도 잘 가꾸었고, 회사에서도 꽤 인정받고 있었고, 혼자 사는 데 별로 불편함도 없다고 했다. 회사 내에서 평판도 좋고, 주변 사람들과 관계도 좋다고 했다. 그런데 자기는 자꾸 짜증이 난다고 했다. 다른 사람들의 행동이 자꾸만 거슬리고, 맘에 들지 않지만 차마 말은 할 수가 없어서 답답하고 짜증이 나서 참고 있는데 이러다가 어느 날 자기도 모르게 폭발해버릴 거 같다고 했다. 어느 날 승진 발표가 났는데, 평소 그녀보다 별로 실력도 없고, 대인관계도 좋지 않다고 여겼던 동료 여성이 먼저 승진을 해서 너무 부럽기도 하고 화가 났다고 했다. 더불어 그녀는 자기 삶에서 충분히 자신 있었고, 자기를 사랑한다고 말하였다. 그런데 짜증이 날 때, 누군가가 거슬릴 때 자신이 느끼는 감정은 당황스러움이라고 했다. '내가 이렇게 짜증낼 일이 아닌데' '왜 자꾸 다른 사람을 비난하고 있지? 그건 옳지 못해' 이런 식의 생각을 하고 있었다.

뭐가 문제였을까? 여러 가지 깊이 분석해보아야 할 것들이 있겠지만 우선 여기서 나를 사랑한다는 건 그런 감정이 들었을 때 자기 자신을 향한 비난을 멈추는 것이다. '아, 내가 짜증이 났구나. 뭐에 대해서 짜증이 난 거지? 그래, 그럴 수 있겠네.' '내가 시기하고 있네. 괜찮아. 그럴 수도 있지.' 내면에서 올라오는 많은 감정들은 성장기에 상처 입은 어린 자기이다. 자기를 사랑한다는 건 이제 성인이 된 내가 어린 시절 상처 입었지만 눌러놓고 돌보지 않았던 그 내면의 어린아이가 하는 말을 들어주고, 동의해주고, 보듬어주고, 돌봐주는 것이다. 거기에서 자기 사랑은 시작된다. 지금 내가 부적절하다고 생각하는 나의 감정들, 생각들을 비난하고 억누르기보다 이해하고 동의해주는 것. 그래서 내 안에 있던 부정적이고 갑갑했던 것들이 풀려나게 되고 자연스레 수그러들 수 있도록 만들어주는 것. 이런 것들은 방어기제라고 하는데, 그렇게 나의 방어기제를 만나고 알게 되고 그걸 만져주기 시작하는 게 나를 사랑하는 길의 처음이다.

특히 여성으로 많은 것을 요구받았던 우리 사회에서 "나는 그냥 내가 나인 게 좋아!"라고 당당히 말할 수 있는 힘을 가지는 건 매우 중요하다. 그런 힘이 있을 때라야, 타인의 부당한 요구를 정당하게 거절할 수 있게 된다. 타인의 무례한 태도로부터 자신을 당당하게 지킬 수 있으며, 고통스럽거나 피학적인 관계 속에 자신을 그대로 방치해두지 않을 수 있게 된다. 이것이 나를 존중하는 일이다. 나를 사랑하는 일에는 나를 존중하는 일도 포함되는 것이다. 어떤 집단상담에 가면 "내가 나인 게 좋다"라는 말을 자꾸자꾸 외우고 되뇌게 하기도 한다. 물론 이게 주문을 외우듯이 한다고 싫었던 내가 하루아침에 좋아지지는 않는다. 그럼에도 불구하고 '나는 내가 좋다'라는 말을 내 심장에 깊이 각인시키는 것은 내가 정말 그렇게 되고 싶은 바람의 표현이기도 하다. 부정적인 욕심, 슬픔, 시기심, 어린아이 같은 마음, 이런 모든 게 내 속에는 다 있다. 좋은 것만 있을 수 없다. 나는 그런 부정적인 모든 것들이 내 속에 있음을 이제 인정하겠다. 더 이상 타인의 시선이 요구하는 것이 나의 요구라고 착각하지 않겠다. 타인의 시선과 요구에 맞추어 살지 않아도 나는 충분히 괜찮고, 당연히 충분히 괜찮아야 한다. 나는 나의 욕망을 꿈꿀 자격과 권리가 있는 사람이므로.

이렇게 말하는 것, 이렇게 나와 만나는 것. 바로 이것이 나를 사랑하는 법이고 나를 만나는 첫걸음이고, 나 스스로 나에게 가장 좋은 친구가 되어주는 일이다. 언제나 기억해야 한다. 무엇보다 나의 가치는 내가 정하는 것임을. 그래서 나 스스로가 나의 가장 좋은 친구가 되어도 나는 그것이 부끄럽지 않을뿐더러 오히려 자랑스러움을.

7

결혼에 대한
소소하고 담담한 생각

사랑했고, 결혼하고 싶었던, 아마도 내 인생에서 결혼할 마지막 기회라고 생각했던 사람과 헤어졌던 때, 평년보다 추운 가을에서 겨울을 넘기며 봄까지 무척 앓았었다. 그때는 마흔을 코앞에 둔 해였다. 이미 결혼은 한참 늦었고, 연애도 쉽지 않던 나이. 난 꼭 결혼을 하지 않겠다고 마음을 굳게 먹은 사람도 아니었기에 그때 만난 인연은 결혼까지 이어질 마지막 사람이라고 생각했는지도 모르겠다. 그를 너무나 좋아했다. 어쨌든 결과적으로 헤어졌고, 나는 그해 늦가을과 겨울, 그리고 그다음 해 봄을 '내일 아침이 오지 않았으면 좋겠어'라는 마음으로 살았다. 지금 돌아보아도 그때는 아프다. 우울과 무기력, 공황이 함께 몰려온 시기였다. 지금 돌아보면 꼭 연애의 실패 때문만은 아니었다. 당시 10년 동안 하던 일을 떠나서 계획에도 없던 다른 세계 속으로 들어가게 되었던 게 두려웠을 수도 있다.

결혼이란 내게 무엇인가를 진지하게 생각했다. 결혼하고 싶은 사람을 만났었고, 실제로 결혼 이야기가 오간 사람도 있었다. 하지만 결혼은 이루어지지 않았다. 이러저러한 이유였다. 당시엔 꽤 크게 좌절했었다. 상대를 사랑하는데, 내가 그렇게 까다로운 사람도 아닌데, 그렇다고 우리 집안이 대단한 집안이어서 결혼 상대를 따지는 것도 아니었다. 내가 결혼에 대해서 무슨 대단한 조건을 내건 것도 아닌데, 내가 그렇게 모자라거나 못나거나, 흠이 있거나, 사람과 못 어울리는 모난 사람도 아닌데 왜 결혼을 하지 못하는 걸까?

어떨 땐 '내가 뭐가 부족한가 봐'라고 자책했고, 어떨 땐 '하나님이 내게 주신 십자가야'라고 생각했다. 때로는 사람들이 말하는 것처럼 '내가 정말로 눈이 너무 높은가'라고 생각했고, 어떨 땐 정말로 결혼한 사람들의 알콩달콩한 모습이 눈물 나게 부러웠다. 결혼, 정말로 하고 싶었었다. 왜 그렇게 결혼이 하고 싶었을까? 물론 좋아하는 사람이 그때 있었기 때문이기도 했다. 하지만 돌아보면 사회의 관습과 확증편향적인 시선으로부터 꽤 자유롭다고 생각했던 나 자신도 거기에서 완전히 자유롭지 못했던 것 같다.

결혼을 하지 않는다면 뭔가 대단한 사회적 위치를 가지고 일을 이뤄내야 하는 커리어우먼이 되어야만 할 거 같았다. 결혼하지 않을 수밖에 없었던 이유를 증명해야 할 거 같았다. 사회적 직업도 변변찮고, 경제적 능력도 없고, 그저 하루하루 별 볼 일 없이 나이 들어가는데 결혼까지 하지 않는다면 인생의 낙오자가 되는 게 아닐까 하는 불안감도 없잖아 있었다. 결혼은 적어도 아내로, 엄마로 살아가는 인생의 역할이라도 감당하는 거니까. 난 그런 것도 없이 혼자 나이 들어가는 게 참 싫었던 거다. 물론 겉으로 드러내서 말하진 않았지만. 나의 실수는 거기에 있었다. 결혼을 나를 포장하거나 증명할 수 있는 어떤 수단으로 삼고 싶었던 것. 같이 일하던 베트남 출신 결혼이주여성이 나에게 "우리 신랑 친구들 중에 결혼 안 한 사람 많이 있어요. 좋은 사람 있는데 선생님 소개시켜 줄까요?" 그때 내 속에서 스쳐가던 불쾌감을 나는 기억한다. 그 이주여성의 남편은 서울 시내버스 운전을 하는 분이었고, 나는 대학원까지 졸업해 나름 나에 대한 프라이드가 있는 사람이었다. 그 불쾌감의 이름이 뭐였을까?

지금 생각하니 그 불쾌감은 결혼을 '나를 증명하는 외피'라고 부지불식간에 여기고 있던 나의 자아로 연결된다. 결혼을 한다는 건 수많은 사회적 관계를 맺는 일이고, 자본주의 사회에서 사회적 관계를 맺는다는 건 곧 나를 증명하는 수단 중 하나가 됨을 부정할 수 없다. 그래서 서로 상대의 조건을 따질 수밖에 없다. 적어도 대학은 나와야 하고, 블루칼라는 아니어야 하고, 돈을 많이 못 버는 직업이라도 뭔가 직업의 이름을 댔을 때 괜찮은 직업이어야 했다. 나이가 더 들어서는 경제적 능력은 점점 더 중요한 기준이 되기도 했다. 결혼한 친구들도 그랬다. 이 나이에 결혼해서 신랑 뒷바라지 할 일 있냐고, 지금까지도 혼자 잘 살았는데 결혼하면 더 잘 살아야지. 그러니 하다못해 서울에 아파트 전세 하나는 있어야 한다고. 생각해보면 좀 웃긴다. 나도 나름 열심히 산다고 살았지만 서울에 아파트 전세 마련하기가 쉽지 않은데, 남자는 당연히 그런 걸 갖추고 있어야 한다는 조건이 말이다. 40대 가까운 나이에 그마저도 없는 남자는 결혼해서 와이프 고생시키기 딱이라고 말하는 그런 성차별적 고정관념. 그런 것들이 내게도 내 친구들에게도 없지는 않았던가 보다. 그래서 보통 소위 말하는 결혼시장에 남은 남녀의 비율을 보면 여자는 상위층이 남지만, 남성은 하위층이 남는다는 거다. 물론 사람을 '상위층', '하위층'이라는 단어로 나누는 것이 상당히 불쾌하긴 하지만 말이다.

그렇게 결혼은 20대 초반, 그래도 약간은 순수하게 '사람만 좋으면 되지 뭐'라고 말할 수 있던 시기를 지나면서 20대 후반, 30대 초반, 30대 중후반으로 갈수록 더 깊은 고민거리와 조건을 따져야만 할 수 있는 무엇이 되었다. 두 사람이 사랑하는 건 기본이고, 경제적인 조건들, 서로의 삶에 대한 이해와 헌신도, 사회적 조건 등등 맞추어야 할 것이 너무 많은 퍼즐 같은 게 되어버렸다. 그래서 사람들이 결혼은 멋모를 때 얼른 하는 거라고 말들을 했나 보다. 결혼에 도달할 거 같았지만 결국 한 번도 도달해보지 못한 나로서는 생각해보면 이 외에 이유들도 있었던 거 같다. 그렇게 결혼은 영원한 숙제같이 내게 남아 있는 것인지도 모르겠다. 이제는 결혼이 내 삶에 그렇게 중요한 이슈는 아니다. 결혼하지 않고도 혼자서 행복하게 살 수 있다는 걸 알아버렸으니, 결혼을 하지 않는다고 한들 뭐 그리 대수이겠는가 하는 생각 때문이다.

이제 결혼을 해야 할지 말아야 할지 고민하고 있는 30대 중반 이후 여성들을 종종 내담자로 만나기도 하고, 그냥 멘토처럼 만나기도 한다. 어떤 이들은 그냥 결혼하지 않기로 결정했다고 하기도 하고, 어떤 이들은 정말 올해를 넘기면 안 될 거 같은 위기감이 밀려온다고 한다. 어떤 이들은 내가 이 늦은 나이에 결혼하는데 정말 이 사람이 맞을까 고민이 된다고 토로하기도 한다. 가만 듣다가 나는 꼭 한 가지를 묻는다. "결혼은 너한테 뭐야? 어떤 의미인 거야?" 나는 원래 뭐라고 답을 늘어놓지 않고 그저 자신이 가지고 있던 사고의 틀을 조금 벗어나서 생각하게끔 도와주는 게 내 몫이라 여기는 터라 그렇게 물어볼 뿐이다. 많은 이들이 결혼을 할까 말까에 대해서는, 또는 저 사람과 결혼을 해도 좋을까에 대해서는 많은 고민을 한다. 하지만 정작 결혼 자체의 의미, 나에게 결혼이 주는 의미에 대해서는 그렇게 깊이 생각을 하지 않는 거 같다. 세상의 어떤 일도 내가 그 속에 들어갔을 때 행복만 있거나 내가 하고 싶은 것만 할 수는 없다. 반대로 불행만 있거나 줄기차게 하고 싶지 않은 것만 해야 하는 것도 아니다. 중요한 건 의미다. 내가 그 삶에 의미를 부여할 수 있다면 줄기찬 행복의 순간만이 아니라 하더라도 그것은 넉넉히 감당할 수 있게 된다. 내가 그 삶에서 내게 주는 의미를 발견하지 못하고 부여하지 못할 때는 아무리 객관적 상황이 좋다 하더라도 그 삶으로는 만족할 수 없게 된다.

결혼은 삶의 자리를 옮기는 인생의 패러다임 쉬프트가 아닐까? 특히 30대 중후반 정도까지 싱글로 살던 이들이 결혼의 자리에 들어간다는 건 개인 인생에 있어 대단한 패러다임 쉬프트가 될 것이다. 이걸 어떻게 받아들일 건가, 과연 내가 이 쉬프트를 통해 새롭게 발견하게 될 내 삶의 의미는 무엇인가? 나는 무엇을 기대하고 무엇을 잃을 준비가 되었는가? 나에게 기회는 무엇이고 지불해야 할 대가는 무엇인가? 갈등을 다루고 조정할 수 있는 나의 역량은 무엇인가? 질문해야 할 것들이 참 많다. 모든 질문에 대해 답을 할 수 있어야만 결혼을 더 의미 있게 하는 건 아닐 거다. 단지 질문을 한다는 건, 나의 이 인생의 쉬프트에 대해 상황적, 현실적 조건과 이유보다 더 깊은 내 속에서 울리는 울림들을 만난다는 것이며, 그 울림을 통해 만난 나의 결정은 그래도 좀 더 현명하겠으니 말이다.

다른 사람의 부러움을 먹고 사는 삶이
꼭 좋은 삶은 아니다.
다른 사람의 삶을 부러워하기만 하는 삶도
좋은 삶은 아니다.

———

언제나 기억해야 한다.
무엇보다 나의 가치는 내가 정하는 것임을.
그래서 나 스스로가 나의 가장 좋은 친구가 되어도
나는 그것이 부끄럽지 않을뿐더러 오히려 자랑스러움을.

Chapter 3

'혼자'인
나의 시간 점검하기

1

아침에 일어나서
처음하는 일

'성공하는 사람들의 7가지 습관'을 비롯하여, 한동안 성공하는 사람들은 이런저런 습관들을 가지고 있으니 당신도 이런 습관을 만들라고 하는 종류의 많은 책들과 강의가 있었다. 이런 내용은 현재에도 상당히 유용하기도 하고, 많은 사람들이 관심 있어 하는 주제이기도 하다. 사실 그 습관이란 것들의 내용을 살펴보면 우리가 전혀 듣도 보도 못한 것들은 별로 없다. 오히려 어려서부터 귀가 따갑게 듣던 내용들이 더 많을 수도 있다. 진부한 것 같지만, 아침에 일찍 일어나라든가, 매일 일기를 쓰라든가, 인사를 잘하라든가 하는 아주 기초적인 것들. 마치 '우리가 알아야 할 모든 것은 유치원에서 배웠다'처럼 매우 쉬워 보이는 것들. 하지만 함정은 여기에 있다. 매우 쉬워 보이지만 많은 사람들이 매일 하라고 하면 잘 하지 못하는 것들이라는 점이다. 일만 시간의 법칙이라는 책의 내용도 있었지만 뭔가가 하나 습관이 되려면 일만 시간의 노력을 기울여야 한다고들 한다. 일만 시간이라니! 이것은 결국 얼마나 꾸준히 하느냐가 중요하다는 이야기일 것이다. 물론 이것을 삶의 모든 영역에 법칙처럼 적용하기는 어렵기도 할 터이다. 하지만 적용해야 하는 영역이 있는 건 분명해 보인다.

나는 싱글로 사는 여성들이 중요하게 여기고, 습관으로 만들어야 할 여러 가지 삶의 영역이 있다고 생각한다. 혼자 산다는 건 누구의 간섭이나 눈치를 보지 않아서 충분한 자유와 다양한 선택에 대한 여러 가지 옵션을 가질 수 있는 장점이 있다. 하지만 언제나 장점은 단점이 되기도 한다. 간섭이나 눈치를 보지 않아서 마음대로 해도 되기 때문에 편하기도 하지만, 외부에서 통제되거나 눈치를 봐야 하는 무언가가 없으면 사람은 누구나 한없이 나태해지기 쉽고, 널브러지기 쉽다. 그래서 아무도 보는 사람이 없을 때 하는 행동이 바로 내가 하는 행동이라고 말할 수 있다.

아무도 보는 이 없을 때 나만의 시간, 그중에서도 아침 시간을 어떻게 보내고 있는지 나를 한번 살펴보자. 나는 새벽잠이 무척 많다. 무슨 새벽형 인간, 새벽을 깨우는 사람, 아침형 인간 이런 말들이 한참 유행하고 사람들이 실천해보겠다고 애쓸 때에도 나는 전혀 동요하지 않았었다. 아주 오랫동안, 거의 30대까지 내게 자정은 초저녁이었고, 새벽 세 시나 네 시쯤 잠들면 아침에 집을 나서기 전 최대한 늦출 수 있는 시간까지 잠을 자고 일어났다. 그래도 지각을 하진 않았다. 하지만 기상 후 정말 아무 생각 없이 초스피드로 출근 준비를 마치고 나온다. 다행인지 불행인지 거의 10년 가까이 출근 시간은 9시 30분, 출근까지 걸리는 통행 시간 30분인 직장에 다녔던 나로서는 결국 8시쯤 일어나도 해결되는 그런 상황이었다. 지금 생각해보면 남들은 한참 일과를 시작하고 난 이후 나는 비로소 느지막이 나의 일과를 시작한 것이다. 그것도 잠깨서 출근하기까지 약간의 비몽사몽을 거치면서.

그러다가 일터를 옮기면서부터 새벽 5시에 일어나야만 했다. 처음 반년 정도는 잠과의 전쟁을 치러야 하는 시간이었다. 그러나 점차 몸이 바뀌고 있는 생활리듬에 적응이 되어가면서 새벽 5시 눈뜬 이후, 두세 시간이 머리가 맑을 수 있는 시간이란 걸 깨달아가기 시작했다. 책을 읽을 수 있는 시간, 글을 쓸 수 있는 시간들이 늘어나기 시작했다. 혼자 묵상하는 시간은 찬찬히 나를 돌아보고, 하나님과 만나며, 나의 감정과 나의 삶을 다스릴 수 있는 시간이었다. 운동을 하러 나가는 일은 드물긴 했지만, 날이 좋을 때는 가끔 강아지를 데리고 새벽산책을 다녀오곤 했다. 그런 날에는 뭔가 일에 대한 새로운 아이디어가 떠올랐다. 오랫동안 공부를 하고 있었기 때문에 공부와 관련된 전문적인 책들은 이 시간에 거의 다 읽을 수 있었다. 그렇게 일찍 하루를 시작하기 때문에 예전처럼 자정을 넘기기는 힘들었으나, 그렇다고 해서 초저녁에 잠자리에 들진 않았으니 하루의 시간이 꽤 긴 시간으로 내게 다가왔다. 긴 시간이 생겼다는 건 뭔가를 더 할 수 있는 여유가 생겼다는 뜻이었다.

내가 맞이하고 있는 아침풍경을 떠올려 보자. 하루의 컨디션은 그 날 아침, 내가 무엇을 어떻게 시작했는가에 따라 많이 달라진다. 새벽에 일어나서 아침을 준비하고, 아이를 깨우고, 씻기고 먹이고 어린이집에 데려다준 이후에 서둘러 출근길을 나서야 하는 이들도 있다. 우리가 드라마에서도 많이 봤지만 현실의 삶이 실제로 그러한 워킹맘들과 나 혼자 일어나서 나 혼자 준비하고 출근하기만 하면 되는 싱글들의 아침은 분명 다를 것이다. 워킹맘들과 경쟁해서 싱글은 시간이 더 많으니 더 많은 뭔가를 하라고 채근하는 것은 아니다. 단지 싱글들에게는 그들보다 돌보거나 손이 더 많이 가야 하는 식구들이 없는 경우가 많을 것이다. 그렇기 때문에 오롯이 나에게 집중할 수 있는 시간이 더 많은데 그 시간을 어떻게 쓰고 있는지 돌아볼 필요가 있다.

싱글로 산다는 건, 언제나 내가 하고 싶은 것과 하고 싶지 않은 것을 좀 더 자유롭게 선택할 수 있는 기회가 있다는 것이다. 그 말은 좀 더 행복하게 사는 내가 되는 것은 상당 부분 나의 결단과 의지에 따른 선택의 책임을 져야 한다는 말이다. 출근 한 시간 전에 일어나 물 한 컵 마시고 출근길 전철 안에서 운전하는 차 안에서 화장을 고쳐가며 출근할 수도 있다. 하지만 매일이 그런 삶이라면 나에 대해 무책임하다는 생각이 들 것 같다. 지금 기상 시간부터 출근 전까지의 자신의 최근 일주일, 또는 한 달의 일상을 시간 단위로 나누어 적어보자. 뭔가를 적어놓고 보면 내가 머릿속으로 상상만 하던 것과는 확연히 다른 나의 실체가 보인다. 이건 단지 부지런한가 아닌가를 살피는 것이 아니라, 하루를 새롭게 시작하는 내 삶에 대해 난 얼마나 예의를 갖추고 소중히 돌보고 있는가를 살피는 것이다.

기상 후 출근 전 한두 시간 동안 내 건강과 마음을 위해서 아무 것도 하지 않고, 그저 침대에서 밖으로 빠져나오는 데에 급급한 것은 아닌지 돌아보게 된다. 제대로 내 얼굴을 마주 보며 인사를 건넬 시간조차 없이 집 밖으로 뛰쳐나오기만 한다면 나에게 좀 미안한 일이다. 적어도 기상 후, 나의 마음을 위해서, 나의 건강을 위해서 한 시간 정도는 할애해주어야 하지 않을까? 기도든, 명상이든 내가 지금 어디로 가고 있는지, 나의 마음은 어떠한지, 내가 오늘 보낼 하루는 어떠할지에 대해 가만 나를 들여다보자. 산책이든, 요가든, 맨손체조든, 운동이든 점점 굳어가고 있는 나의 온몸의 근육이 기지개를 켤 수 있도록 하자. 날마다 마음과 몸을 돌보는 일, 이것이야말로 내가 나답게 당당하게 살아가는 첫걸음이며, 그 첫걸음은 바로 기상 후 첫 시간부터 시작됨을 기억하자.

2

퇴근 후,
잠들기 전 해야할 일

　　퇴근 후, 영화를 보러 가고 싶은데 누구에게
전화를 해야 할지 오후부터 생각하고 있었다. 갑자기 만나자고 말
할 친구가 점점 줄어들었다. 원래 혼자 영화도 잘 보고, 쇼핑도 잘
하고, 카페도 가고 하는 나인데, 어느 날은 그 모든 게 혼자 하고 싶
지가 않았다. 그냥 누군가랑 같이 하고 싶었다. 친한 친구에게 전화
를 했다. 야근이란다. 다른 친구에게 전화를 했다. 약속이 있단다.
그렇게 한 두세 명 연락을 하고 나면 이게 뭐 하는 건가 싶어 포기
하게 된다. 그리고 중얼중얼한다. 신랑이 있었다면 이럴 때 같이 가
자고 하면 선뜻 같이 갈까? 결혼 10년쯤 된 친구들에게 물어보았
다. 어떠냐고. 열에 아홉은 고개를 흔든다. '애들은 어쩌고?' '생각
보다 연애 때 기분 내는 거 쉽지 않아.' '그냥 애들 데리고 외식이
나 하게 돼.' '영화 보고 쇼핑하고 그런 건 주말에 계획 잡아서 얼

마의 예산 범위 안에서 뭘 할 건가, 그런 걸 다 생각해보고 하는 거야.' 이런 대답들.

　　그냥 집으로 돌아왔다. 나를 반겨주는 나의 친구 강아지 세 마리를 데리고 산책을 하고 목욕을 시켰다. 그리고 저녁으로 사과 한 알과 딸기와 견과류 한 봉지, 커피 한 잔을 마시고는 소파에 털썩 주저앉았다. 습관적으로 TV를 켜서 리모컨을 돌리다가 그날은 잠이 들었다. 새벽녘에 깨서 침대 안으로 들어가서 스탠드를 켜고 머리맡에 있던 책을 집어 들었다가 그냥 불을 끄고 베개에 머리를 대고 누웠다. 새벽에 일어나야 하니까. 강아지들은 한 놈은 내 가슴팍에, 한 놈은 발치에, 한 놈은 침대 구석에서 자고 있다. 많은 일상들이 이러했다. 집에 오면 간단한 청소와 빨래 등을 하고서 강아지들이랑 좀 놀고, 좋아하는 드라마를 보고, 책도 읽고 잠자리에 든다. 그런데 어느 날 문득 그렇게 보내는 시간들이 좀 많이 아깝다는 생각이 들었다. '내가 집에 와서 돌보아야 할 대상은 나 자신과 강아지들인데, 나는 어떻게 하고 있지?' 싶었다. 워낙에 집 안 인테리어라든가 완벽하게 깔끔한 청소, 매일매일 메뉴가 바뀌는 요리, 이런 것들엔 애초에 관심이 없는 나였다. 퇴근하고 집에 오면, 그렇다고 일주일에 절반 이상은 야근을 하는 직종에 있던 것도 아니고. 시간이 아주 많을 거 같은데 막상 들어오고 나서 다음 날 아침 일어나기까시 하는 일이 별로 없었다. 뭔가 모르게 한심한 생각이 들었다.

그렇다고 어릴 때부터 무작정 무지하게 노력을 하거나 계획표를 세워서 꼭 그대로 실천하는 스타일도 아니었다. 열심히 노력하면 노력한 만큼 결과가 나올 거라고 곧이곧대로 믿지도 않았다. 열심히 살지 않은 건 아니지만 그렇다고 죽을 만큼 열심히 노력하며 살지도 않았던 것 같았다. 나이가 들면서, 더 이상 번개로 놀아줄 만만한 친구 찾기도 어려워지고, 남자 친구를 만들기도 어려워지고, 혼자 있는 시간은 점점 더 많아졌다. 일상은 늘 비슷하게 반복됐다. 집에 혼자 들어가는 게 뭔가 루저 같은 느낌이 들기 시작할 때, 박사과정에 진학했다. 물론 박사과정에 들어간 이유가 그게 전부 다는 아니었지만 퇴근 이후에도 내게 꼭 해야만 할 일이 있어야 하는 과정이 필요하다는 것도 큰 이유였다.

직장에 다니면서 학교에 다니며 뒤늦게 박사과정 공부를 하는 건 쉽지 않았다. 새벽 5시에 일어나서 하루 일과를 다 마치고 집에 들어오면 간단하게 저녁을 먹고서는 책상 앞에 부지런히 앉았다. 좋아했던 드라마도 제쳐두고, 강아지 산책도 건너뛰면서 책 읽고 글 쓰고를 반복했다. 자리가 잡혀갈 무렵부터는 매일 저녁 다시 일기를 쓰기 시작했다. 아주 간단한 메모라도 빠짐없이 쓰려고 노력했다. 늘 해오던 혼자만의 기도시간을 더 철저하게 만들었다. 혼자 사는 크지도 않은 집에 파티션으로 조그마한 공간을 만들고 작은 초를 켜고, 음악이 나오게 하고는 하루에 얼마의 시간이라도 앉아서 기도를 드렸다. 기도는 언제나 나를 돌아보게 하고, 내 희망에 대해 점검하게 하고, 내가 혼자가 아님을 또는 혼자여도 잘할 수 있음을 알게 하는, 만지게 하는, 느끼게 하는 소중한 시간이었다. 그렇게 나의 퇴근 후 일상이 20대 대학시절과 다르게, 30대 사회생활을 처음 시작했을 때와는 또 다르게 잡혀갔고, 나는 거기에 상당히 만족스러울 수 있었다.

아주 가끔은 예정에 없던 친구를 갑자기 만나기도 하고, 집에 들어와서 영화를 두 편 이상 연달아 볼 때도 있었다. 학과 공부와 전혀 상관없는 『안나 카레니나』 같은 고전소설을 밤새워 읽기도 했다. 나는 매사에 루틴을 따라야 하는 완벽주의와는 거리가 먼 사람이다. 오히려 나는 조르바처럼 그냥 매일매일 마음 내키는 대로, 아주 최소한의 루틴대로만 움직이는 걸 편해하는 사람이다. 뭔가 계획에 따라서 일정을 움직이는 걸 그리 달가워하지 않는 사람이었다. 퇴근 후에 뭔가 루틴한 일정을 만들어보아야겠다고 결심한 건, 나에 대해 나태해지지 않기 위해, 나에 대해 뭔가 의미를 부여하기 위해서였는지도 모른다.

상담을 하면, 아이들이 이제 중학교쯤 들어간 엄마들, 이제 대학생쯤 되는 자녀를 둔 나보다 높은 연배의 엄마들도 만나게 된다. 그들 또래는 전업주부가 더 많았고, 아이에게 모든 걸 올인 하는 첫 세대였으니까 오직 아이 키우는 게 아이 잘되는 게 내 인생의 결실인 줄 알고 왔다. 그런데 아이들이 크고 나니 이제 내 손을 필요로 하지 않는다고, 난 뭘 하고 살았는지 모르겠다고 했다. 아이들이 들어오지 않는 그 많은 저녁시간을 어떻게 보내야 할지 당황해했다. 익히 들었던 듯한 그 레퍼토리 때문에 우울을 안고 찾아오는 이들이 꽤 많다. 그때마다 느낀다. 결혼을 하든, 결혼을 하지 않든 나를 위한 시간을 만드는 연습을 하지 않은 중년 이후의 삶의 슬픔을.

30대면 속된 말로 사회생활에 한참 물이 오를 나이이다. 직장에서도 점차 자리를 잡아가게 된다. 비록 여러번 생각이 바뀔때도 있지만, 결혼하지 않고 이렇게 사는 것도 나쁘지 않겠다고 여기기 시작한다. 자신감도 차오르고, 직장에서는 나를 꼭 필요로 하는 것 같다. 직장에, 여러 동호회나 사람들과의 관계에 나를 쏟아붓게 된다. 그리고 퇴근 이후의 시간은 '쉼'이라는 이름하에 손가락 하나 까딱하고 싶지 않은 몸을 이끌고 소파와 한 몸이 되는 그런 생활을 많이 보아왔다. '나쁘다' 혹은 '좋다'라고 말하는 것은 아니다. 다 자기 나름의 삶의 방식이 있기 때문이다. 그런데 나이가 점점 들어가면서 내가 꼭 필요했던 그 자리에 후배가 들어오는 것이 보이고, 왁자지껄 같이 떠들 수 있었던 친구들은 자신의 스위트 홈으로 돌아가는 것을 보게 된다. 내 집에서 날 기다리는 건 고요한 적막뿐인 그런 순간이 더 자주 찾아오게 된다. 그럴 때 나는 무엇을 할 것인가?

퇴근 후 내가 하고 있는 일상의 목록이 필요한 건 그래서이다. 기상 후 일상의 목록을 만드는 것과 같기도 하면서 약간 다르기도 하다. 기상 후 일상의 목록을 만드는 것이 매일매일을 보내는 나에 대한 지침이자 예의 같은 것이라면, 퇴근 후 일상의 목록을 만드는 건 나에 대한 돌봄이자 미래에 대한 투자이기도 하다. 목록을 만들고 적기 시작하면 나의 일상이 구체적으로 보이기 시작한다. 무엇에 대해 낭비가 일어나고 있고, 무엇이 부족한지를 알게 된다. 낭비를 줄이고 부족분을 채우는 것, 그것이 필요하다. 꼭 거창하지 않아도 되고, 뭔가 눈에 보이는 결과를 얻기 위한 것이어야만 하는 건아니다. 그저 나의 매일이 무엇으로 채워지고 있는지를 들여다보기 시작하는 것으로 나를 위한 돌봄은 시작된다. 거기에 뭔가를 더하고 빼는 것만으로도 나를 위한 투자는 시작되는 것이다. 싱글로산다는 건 그렇게 나를 돌보고 투자하는 데에 좀 더 많은 에너지와 시간과 마음을 쓸 수 있다는 것이지 싶다. 나에게 충실하게, 나를 돌보며, 나의 매일을 의미 있게 보낼 수 있는 시간들을 채워가는 것. 누구에게나 중요한 삶이지만 어쩌면 싱글로 앞으로의 모든 인생의 시간들을 보내야 하는 이에게는 더욱 중요한 삶일 것이기 때문이다.

3

우아한
중산층 되기

존경하는 인물 중에 고 노회찬 의원이 있다. 나는 그의 소탈한 이미지와 재미있는 말솜씨가 참 좋았었다. 그는 모든 국민이 악기 하나쯤은 연주할 수 있는 나라를 꿈꾼다고 말했었다. 그가 남긴 많은 말들 중에 나는 그 말이 가장 좋다. 그런 꿈을 꿀 수 있는 정치인이 몇이나 될까? 정치인뿐 아니라 일상을 살아가는 우리들도 그런 꿈을 꾸며 살아가는 이는 몇이나 될까? 한참 중산층에 대한 기준이라는 기사가 떠들썩했던 적이 있다. 외국과 비교해서 말이다.

미국에서 말하는 중산층의 조건은 첫째, 자신의 주장에 떳떳하고, 둘째, 사회적 약자를 도와야 하며, 셋째, 부정과 불법에 저항하고, 넷째, 정기적으로 받아보는 비평지가 있어야 하는 것이다. 영국은 어떨까? 페어플레이를 하고, 자신의 주장과 신념을 가지고, 독선적으로 행동하지 말며, 약자를 두둔하고 강자에 대응할 것과 불의, 불평, 불법에 의연히 대처할 것을 말했다. 프랑스는 외국어를 하나 정도는 할 수 있어야 하고, 직접 즐기는 스포츠가 있어야 하고, 다룰 줄 아는 악기가 있어야 하며, 남들과는 다른 요리를 만들 수 있어야 하고, 공분에 의연히 참여할 것이며, 약자를 도우며 봉사활동을 꾸준히 해야 한다고 한다. 조선시대 중산층 기준도 있다. 첫째, 두어 칸 집에, 두어 이랑 전답이 있고, 겨울 솜옷과 여름 베옷 각 두어 벌이 있을 것, 둘째, 서적 한 시렁, 거문고 한 벌, 햇볕 쬘 마루 하나, 차 달일 화로 하나, 늙은 몸 부축할 지팡이 하나, 봄 경치 찾아다닐 나귀 한 마리, 셋째, 의리를 지키고 도의를 어기지 않으며, 나라의 어려운 일에 바른말을 하는 것이라고 한다. 멋지다! 그럼 오늘 대한민국의 중산층 기준은 어떨까? 첫째, 30평대 이상의 아파트를 보유할 것, 둘째, 연봉 최소 6,000만 원 이상 받을 것, 셋째, 자동차는 2,000cc급 이상 중형차를 소유할 것, 넷째, 예금 잔고 1억 원 이상 있을 것. 멋지지 않다.

어떤 차이가 느껴지는가? 내가 싱글로 살기로 결정했다면, 결정하지 않았지만 어쨌든 싱글로 살고 있고 살아가리라 생각된다면 나는 어떤 모습으로 살고 싶은가? 나도 중산층으로 살고 싶다. TV에만 등장하는 명품 옷을 날마다 바꿔 입고 완벽한 풀 메이크업을 하고는 30대 중반 나이에 팀장 이상의 직급을 가지고, 퇴근 이후에는 야경이 보이는 근사한 레스토랑에서 식사하고, 보안이 철저한 풀 옵션이 갖춰진 오피스텔로 퇴근하는 중산층의 삶? 이런 삶을 누릴 수 있는 사람은 오직 드라마 안에만 존재한다는 걸 우리 나이쯤 되면 이미 알고 있다. 그럼 어떤 삶을 꿈꾸는가? 중산층이라고 했을 때 당신이 혼자 사는 삶에서 꿈꾸는 모습은 무엇인가? 노회찬 의원이 말한 모든 국민이 악기 하나쯤은 다룰 줄 아는 삶을 사는 것. 내게는 그것이 중산층의 삶으로 보인다. 프랑스나 영국, 심지어 조선시대에서조차도 중산층의 삶이라는 건 경제력으로만 평가되지 않았다. 어떤 삶의 태도로 무엇을 누리며 사느냐가 중산층을 결정하는 기준이었다. 오로지 오늘의 대한민국만이 경제력으로 중산층을 평가한다. 2010년대 이후 직장생활을 시작한 우리들에게 저런 기준의 중산층의 삶을 혼자 돈 모아서 이루어간다는 건 참 버거운 일이라는 걸 잘 안다. 그래서 그걸 쫓아가자니 나의 삶은 참 초라하고 보잘것없어 보이고 뭔가 실패한 거 같다.

너무 흔한 말이지만 겉으로 보이는 게 다는 아니다. 아등바등 저 중산층의 틀에 자기를 끼워 맞추려고 헐레벌떡 뛰어가는 삶을 살지 않으면 좋겠다. 대신 자기의 내면을 채울 수 있는, '아, 내가 내 삶을 누리고 살고 있구나'라고 자족할 수 있는 것을 발견해가고 만들어가면 좋겠다. 『빅이슈』라는 노숙인 자활을 돕는 잡지가 있는데, 이로 인해 많은 노숙인들이 길거리를 떠나 새로운 인생을 시작하게 되었다. 2010년 한국에서도 창간된 『빅이슈 코리아』에서는 서울발레시어터 단장이 노숙인들에게 발레를 가르쳤더니 그 수강생들의 성격이 밝게 바뀌고, 주먹이 먼저 나갔던 홈리스들의 말투가 다정스레 바뀌고, 주눅 들었던 어깨가 펴지며 새로운 희망을 얻는 이들이 속속 생겨나게 했다는 말을 들은 적이 있다. 그렇다. 나의 내면을 가꾸게 하는 힘은 바로 문화예술의 힘이다. 나는 싱글로 사는 많은 여성들이 문화예술에 좀 더 눈을 뜨고 적극 자신을 투자하면 좋겠다. 문화예술을 향유한다는 건, 돈이 많아서도, 시간이 많아서도 아닌 자신에 대한 애정이 많아서이다. 책을 읽고, 음악을 듣고, 그림을 보고, 뮤지컬과 연극을 보고, 영화를 보고, 글을 쓰고, 음악을 연주하고, 그림을 그리는 경험이 인생을 얼마나 풍요롭게 해주는지 모른다.

아는 선배는 한참 우울증으로 고생했었다. 40대 중반쯤, 삶의 낙이라고는 눈곱만큼도 없는 푸석푸석한 모래 같은 날들이 계속되더라는 거다. 상담을 받기 시작했다. 상담 선생님이 뭘 해보고 싶냐고 물었다. 선배는 노래 공연을 해보고 싶다고 대답했다. 상담 선생님 왈, "그럼 해요. 노래 공연 하면 되지, 뭐 별거라고. 하세요"라고 너무 쿨하게 말했다. 선배는 당장 그날부터 노래를 배웠다. 1년 동안 열심히 노래를 배우고, 그리고 1년이 지난 어느 날 조그만 공연장 하나를 싼값에 대여했다. 대학로에 있는 아주 조그마한 소극장. 그리고 아는 지인들에게 초청장을 나눠주고, 개인 SNS에도 올리고, 사람들을 초대했다. 그리고 진짜 공연을 했다. 본인 노래도 부르고, 아는 후배들도 노래하게 하고. 맙소사! 난 거기에서 시를 낭송했다. 내가 좋아하던 몇 편의 시를. 그 선배의 우울증은 언제 그랬냐는 듯 말끔히 나았다. 선배는 지금 첼로를 배우고 있다. 어릴 때 너무 해보고 싶었는데 악기가 너무 크고 비싸서 말도 꺼내보지 못해서 늘 그리움으로 남았다던 그 첼로를 오십이 된 지금 배우고 있다. 매우 행복해하며, 곧 첼로 공연도 할 거라고 한다. 나에게 그때도 와서 시를 낭송하라고 했다. 아니면 오디오북처럼 짧은 소설을 직접 쓰고는 와서 읽어주라고. 그래 볼까 하고 고민하는 중이다.

이게 중산층의 삶인 거 같다. 그렇다고 그 선배가 떼돈을 버는 것도 아니고, 시간이 남아도는 것도 아니다. 그저 자기의 삶의 일부를 즐기고 있는 것이다. 선배는 예전의 그 어느 때보다도 빛이 나고 아름답다. 중년을 향해서 가는 여성에게서 나는 빛은 외모의 빛이 아니다. 시도 때도 없이 성형수술에, 보톡스에, 피부과 시술에 온종일 거울만 들여다보면서 피부의 처짐을 한탄하는 여성에게서는 결코 문화예술을 향유하며 자신의 삶을 아름다움으로 채워가고 있는 여성에게서 흘러나오는 아우라와 빛이 있을 수 없다. 비교할 수 없다. 남성과 여성 모두가 이성에게 가장 호감이 느껴질 때 1위가 '대화가 잘 통할 때'라고 한다. 사회가 어떻게 돌아가는지, 정치는 어떤지, 최근에 읽은 소설의 주인공과 나눈 대화가 어떤지에 대해 충분히 이야기 나눌 수 있는 이가 얼마나 당당하고 멋있겠는가!

특히 책 읽기는 게을리하지 말라고 강조강조 또 강조하고 싶다. 독서는 뇌로 하는 여행이다. 만 오천 원에서 이만 원 투자해서 한 권에 담긴 다른 사람의 인생과 노하우를 보고 배우는 건 너무나 남는 장사다. 가능하면 유튜브로 듣는 강의보다 직접 내가 처음부터 끝까지 책장을 넘기며 책을 읽을 것을 권한다. 다른 사람의 해석으로 듣는 책이 아니라 내 머리로 내 가슴으로 들려오는 그 메시지야말로 진정한 내 것이 되기 때문이다. 혼자 살면 어떤가. 나는 남자가 없어도 책을 읽고, 기타를 치고, 공연을 볼 수 있는데. 그렇게 살다 보면 그것이 바로 내가 누리는 중산층의 삶이 된다.

나는 뒤늦게 기타를 열심히 배우고 있다. 음악과는 담 쌓고 살아온 나이지만, 음악에 대한 미련이 늘 남아 있던 터라, 피아노는 아무래도 너무 어려워 보이고 기타는 노력해보면 이룰 수 있지 않을까하는 기대감을 가지고 열심히 배운다. 나도 선배처럼 공연장을 빌려서 기타 연주회를 해보는 꿈을 꾸면서. 어떤가. 꿈이야 꾸라고 있는 것이니. 나는 그렇게 멋진 중산층 싱글로 나이 들어가고 싶다.

4

혼자인
특별한 시간 누리기

주말 아침, 느지막이 눈을 떴다. 한낮까진 아니더라도 아침 시간은 꽤 지나 있었다. 침대에서 걸어 나오니 강아지들 세 마리가 쪼르르 같이 달려 나온다. 거실 창을 열고 햇빛이 들어오는 걸 한동안 바라보고 서 있었다. 어제 퇴근길에 집 근처 카페에서 산 원두를 꺼냈다. 약간 비싸긴 하지만 동네 어귀에 있는 작은 카페에서 직접 로스팅 해서 파는 에티오피아 커피 원두가 참 좋다. 커피를 손으로 직접 갈고서는 핸드드립을 내렸다. 커피 한 잔과 사과 한 쪽을 들고 소파에 앉았다. 오디오 리모컨을 눌렀더니 어제 듣던 음악이 흘러나온다. 그리고 핸드폰을 들여다봤는데, 핸드폰이 까맣다. 전원을 눌러도 안 들어오고, 뭐 몇 개 누를 수 있는 버튼이 있는 것도 아닌 핸드폰을 아무리 톡톡 치고 버튼을 누르고 해도 핸드폰이 안 켜졌다. 이런, 고장 났나 보다. 순간 당황했다. 어떻게 하지? AS센터에 가야 하나? 당연히 가야지. 그런데 가고 싶지가 않았다. 오랜만에 찾아온 집 안에서의 어슬렁거림도 좀 더 느끼고 싶었고, 핸드폰을 들여다보지 않는 날을 갖자고 생각만 해오던 터였기에, 이참에 강제로 '오늘은 핸드폰 없이'라고 마음먹었다. 물론 주말과 일요일은 내가 가장 바쁘고 연락도 많이 주고받아야 하는 날이다. 하지만 그날은 해야 할 일도 거의 다 끝냈었고, 일요일은 교회에 가서 사람들 직접 보면 되고 하니 하루쯤 핸드폰이 없다고 무슨 일이 생기겠냐는 마음으로 그냥 집에 있기로 했다.

핸드폰을 들여다보지 않으니 손에 뭘 들고 다니지 않아도 됐다. 오전에 후줄근한 줄무늬 티셔츠와 수면바지를 입고는 소파에 누워서 읽으려고 찜해뒀던 소설 한 권을 읽었다. 느지막한 점심을 먹고는 강아지들을 데리고 동네 공원 산책을 나섰다. 역시 강아지 세 마리를 데리고 산책을 하는 일은 어려웠다. 강아지 운동이 아니라 내 운동이다. 돌아와서 목욕시키고 말리고는 나는 잠깐 낮잠을 청했다. 그날은 딱히 그날 마감해야 한다든가 처리해야 할 일이 없는 날이었다. 저녁시간에는 다음 주에 할 강의를 준비하고, 컴퓨터에서도 카톡은 로그인하지 않았다. 그렇게 핸드폰 없이 하루를 잘 보냈다. 다음 날도 핸드폰은 버려두고 지냈고, 월요일에 수리를 하고 보니 카톡이 꽤 많이 와 있기도 하고, 부재중 전화도 있었지만 당장 핸드폰 없이 보낸 시간 동안 처리하지 않으면 하늘이 두 쪽 나는 그런 일은 아니었다. 그렇게 급한 일이었으면 무슨 수를 써서든 연락이 닿긴 했을 것이다.

그 뒤로 나는 의도적으로 핸드폰 없는 날을 만든다. 내 일은 24시간 내가 돌보아야할 사람들에게 촉이 서 있어야 하고, 그들이 필요할때 연락이 닿아야 한다. 때문에 핸드폰 없이 24시간을 보내는 건 좀 불안하긴 하다. 그럼에도 불구하고 나는 나에게 시간을 주기 위해, 여유를 주기 위해 한두 달에 한 번 정도는 어느 하루 핸드폰을 없앤다. 티브이도 켜지 않고, 가능하면 컴퓨터도 켜지 않는다. 어떤 날은 책도 없이, 음악도 없이 볕 좋은 날은 그저 산책 정도로 하루 종일 시간을 보내기도 한다. 혼자 살기 때문에 가능한 일이기도 한데, 처음엔 그런 시간이 초라해 보이기도 하고, 심심하기도 하지만 익숙해지다 보니 그 시간이 참 감사하고 소중하다.

사실 일에 바쁘게 몰입되어 있다 보면 도저히 그런 시간을 낼 수 없을 때도 있다. 하루 종일 집에 있더라도 밀린 잠을 자게 되거나 청소를 하게 되기도 한다. 하지만 의도적으로 내가 하루를 비운 날은 정말 아무것도 하지 않는다. 아무것도 하지 않는 것에는 청소도 포함되지 않고, 밀린 잠을 자는 것도 포함되지 않는다. 가끔은 차가 막히지 않는 시간대를 이용해서 동해까지 운전을 해서 다녀오거나 할 때도 있긴 하다. 그저 말 그대로 세상에서 내가 혼자가 되는 시간을 즐기는 여유를 가지는 것이다.

혼자 사는 사람이 매일 혼자 사는데 뭘 따로 혼자인 시간을 만드냐고 이야기할 수도 있겠다. 혼자인 시간을 보낸다는 건 일상 속의 여러 인연과 관계와 소음과 수만 가지 생각에서 나를 조금 물러나게 하는 것이다. 내 삶의 근육을 키우는 일이다. 그렇게 동떨어져 있는 시간 동안은 온전히 집중해서 나를 들여다본다. 꼭 나에 대한 반성이나 성찰의 시간을 갖기 위한 것도 아니고, 새로운 목표를 세우기 위한 것도 아니다. 우리는 해야 할 일들, 하고 있는 일들 모두를 너무나 어떤 목표에 다가가기 위한 수단으로 삼는 경향이 있는지도 모르겠다. 이렇게 혼자인 날을 가진다면 잘 쉬기 위해서, 잘못했던 것을 반성하고, 새로운 것을 계획하고 목표를 세우기 위해서 한다고 생각한다. 그러나 그렇지 않다. 인생의 모든 순간이 반성과 목표와 실행으로 일관될 필요는 없다. 그저 그 날 하루를 온전히 나로 보내는 순간이 필요할 뿐이다.

혼자 살면 친구를 많이 만들라고 하고, 모임도 많아야 할 거 같고, 사람들과 연결된 끈을 계속해서 가져야 할 것만 같다. 물론 중요하다. 우리는 관계 속에서 살아가는 이들이기 때문이다. 그렇다고 그것이 늘 많은 사람들에게 둘러싸여 있어야 한다는 말은 아니다. 싱글로 살든 그렇지 않든 사람에게는 자기만의 독립적인 심리적 공간이라는 것이 필요하다. 너무 바쁜 현대사회에서 무언가를 하지 않고, 누군가를 만나지 않고, SNS에 나를 노출하지 않으면 나는 잊혀버리는 게 아닌가 하는 두려움에 떨게 된다. 그렇게 사람들에게서 내가 잊힐까 두려운 나머지, 우리는 자기 스스로를 잃어버리고 살고 있는지도 모른다. 혼자 살면서도 굳이 이런 단절되는 혼자의 시간을 갖는 것은 특별하고 거창한 이유를 붙이기보다 그냥 내가 나에게 안부를 묻고, 내가 나의 이야기를 듣고, 내가 나를 다독이는 시간이 필요하기 때문이다. 지금 산책하며 흙을 밟고 있는 이 순간 어떤 마음인지, 거실에 비쳐지는 햇살에 비친 내 그림자를 보며 어떤 느낌을 갖고 있는지 묻고 듣는다. 말똥말똥 강아지와 눈을 맞출 때 난 여전히 기쁜지, 책장 위에 먼지 낀 채로 쌓여 있는 오래된 책을 집어 들 때 건네고 싶은 말은 무엇인지, 원두를 갈면 흘러나오는 그 커피 향으로 행복했던 때는 언제였는지 그런 것들을 묻는 시간이다.

그렇게 온전히 나에게 집중된 시간을 가지는 것도 연습이 필요하다. 일상으로부터 적당히 떨어진 심리적 공간은 나로 하여금 더 크게 숨을 쉴 수 있게 하고 자유롭게 하기 때문이다. 싱글로 살면서 나이가 들어간다는 건, 물리적으로 혼자인 시간을 점점 더 많이 경험하게 된다는 의미이기도 하다. 그 물리적 시간을 온전히 나로서 충만하게 채우는 연습은 지금부터 필요하다. 그렇게 채워진 충만함이 나도 모르는 나의 여유로움으로, 조급하지 않음으로, 혼자 있음에 대한 나의 만족감이 되어갈 것이다. 혼자 잘 있을 줄 알아야 한다는 말은 나와 내가 잘 만날 줄 알아야만 싱글의 삶은 더욱 괜찮은 삶이 되어갈 수 있다는 말이다. 눈부시게까진 아니더라도 그래도 반짝이는 나의 싱글의 삶을 위하여, 충분히 혼자의 시간을 혼자서 누리는 그대들이 되기를.

5

기도하고
명상하기

어느 해, 혼자서 기도원에 간 일이 있었다. 열흘간, 내내 침묵을 지키며 하루 일과 중 다섯 번씩 기도하고, 아침저녁으로 예배드리는 일과였다. 침묵을 지키는 일은 내게 그리 어려운 일이 아니었다. 참 귀하게 생긴 시간이었기에 성경에 나와 있는 표현대로 송이 꿀보다 더 달달한 시간이었다. 열흘을 온전히 침묵을 지키며 홀로 있을 수 있는 방에서 성경 이외의 책은 일체 보지 않으면서 온전히 하나님 앞에서 기도할 수 있다는 건 신앙생활을 하는 이들에겐 큰 축복의 시간이다. 그중에 많은 에피소드들이 있지만 아직도 생생한 기억은 마지막 날 아침이었다. 초가을이던 9월, 매우 감격스러운 시간을 보내고 마지막 날 아침 그 기도원 돌계단에 걸터앉아 작은 화단을 바라보고 있었다. 햇살이 신비롭게 화단을 비추고, 그 화단에는 이름을 잘 알 수 없는 아주 작은 하얀 꽃과 분홍 꽃이 살포시 고개를 내밀고 있었다. 화단의 흙은 붉은빛을 머금은 채 전날 밤 내린 비 때문인지 촉촉이 젖어 있었다. 작은 꽃 주변으로 아주 작은 개미가 줄지어 걷고 있었다. 주변에 흩어져 있던 만질만질한 작은 돌멩이들을 영차, 영차 넘는 듯이. 바람은 보라색을 품고 있는 듯했다. 내가 가장 사랑하는 신비로운 보라색은 마치 그 순간이 이 땅의 순간이 아닌 듯이 나를 감싸고 있었다. 손바닥을 펼쳐 햇빛 한 줌을 쥐었더니 눈물이 핑 돌았다. 아, 세상이 이렇게 고요하고 아름다울 수 있구나.

물론 열흘간 드린 기도의 내용과, 거기에서 얻은 내 나름의 응답과 감격이 그 아침 장면에 대한 나의 기억을 더욱 아름답게 포장했을 수도 있다. 살아오면서 가장 고요했지만 가장 풍요로웠던, 정말 흔한 작은 화단 옆 돌계단에 앉아 있던 그 한 시간의 장면이 내 마음엔 늘 사진처럼 남아 있다. 이후에도 나는 힘들 때, 안전한 장소가 필요할 때, 평안함을 느껴야 할 때 그 장소로 되돌아가곤 한다. 사람은 누구나 그렇게 자신의 신과 고요히 만나거나 또는 자신의 내면과 만나는 시간이 필요하다. 나에게는 하나님이 그 자리에 계신 거다.

이것은 기독교인이 아니고, 신을 알지 못하는 이들에게도 반드시 필요한 일이다. 늘 바쁘다는 말을 훈장처럼 달고 살면서, 바쁘지 않으면 마치 현대사회에서 뒤처진 것처럼 인식되어 뭔가 모르게 초조해지기도 한다. 바쁜 시간을 잘 쪼개어 사용해야지만 멋진 현대인이 되는 것 같다. 시간을 잘게 쪼개어 뭔가를 해야겠다는 계획으로 가득 채운다. 잘못되거나 나쁜 일은 아니다. 중요한 건 그 바쁨이 어디로, 무엇을 향하여 가고 있는가를 내가 계속 살펴야 한다. 매일매일의 바쁜 일상 속에서 나는 무엇을 바라보고 있고, 어디로 가고 있으며, 내가 더욱 집중해야 할 것과, 내가 조금은 느긋하게 놓아두어도 괜찮은 건 무엇인지를 구분하는 것은 중요하다. 상처받고 다친 마음들이, 내 마음에 할퀴어진 흔적들이, 별일 아닌 것으로 쉽게 스크래치가 나고 있는 내 마음을 어떻게 돌보아 줄 것인가? 매일매일 어떻게 바라보아 줄 것인가?

나를 들여다보는 시간이 필요하다. 내가 어떻게 관계 맺고 있으며, 어떤 말들을 쉽게 내뱉고 있는지 알아차려야 한다. 어떤 말들에 쉽게 상처받고, 어떤 것으로부터 쉽게 실망하는지를 알아야 한다. 나의 숨은 감정들을 내놓고 말할 상대가 없을 때, 나는 누구에게 나의 속마음을 내어 보이는지 알아야 한다. 나는 왜 쉽게 분노하고 쉽게 무너지면서도 아닌 척, 괜찮은 척, 멋있는 척하고 있는지도 보아야 한다. 그렇게 나를 들여다보고 만나는 시간이 필요하다.

나의 내면을 위해 내가 적극적으로 허락하는 시간. 적어도 아침이든 저녁이든 밤이든 하루에 일정한 시간, 또 1년 중에서 어떤 기간은 그런 시간들이 적극적으로 필요하다. 자동차도 오일이 닳지 않도록 갈아줘야 하고, 모든 리모컨도 건전지가 닳으면 재빨리 바꿔줘야 한다. 기계는 저절로 굴러가는 것 같지만 그것을 굴러가게 하는 전원이든, 건전지든, 오일이든 필요한 것처럼 말이다.

사람도 마찬가지다. 몸이 건강하려면 양분의 영양을 잘 섭취하고 좋은 햇볕을 쬐고, 적당한 운동을 해야 한다. 이게 눈에 보이는 에너지원이라면, 사람과의 관계, 나를 돌보는 내면의 힘은 보이지 않는 에너지원이다. 이 두 에너지가 합해져야만 인간이라는 유기체는 제대로 건강하게 작동할 수 있는 법이다. 나의 마음속 나와 만나야 한다. 나의 깊은 내면에서 나오는 소리를 들어야 하고, 그것에 반응하되 흘려보낼 줄 알아야 하고, 따뜻이 감쌀 줄 알아야 한다.

요즘은 상담에서도 명상의 효능을 높게 인정한다. 하루에 15분이든, 30분이든, 한 시간이든 정해진 시간에 오롯이 나와 함께하는 시간을 가지는 것, 그것이 내면의 에너지를 얻는 것이고 나를 든든히 하는 지름길이다. 명상에 대해서는 요즘 워낙 여러 가지 방법들이 제시되고 있다. 핵심은 하나다. 생각에서 빠져나오는 것이다. 생각이 곧 내가 아니고, 감정도 곧 내가 아니고, 행동도 곧 내가 아니다. 생각과 감정과 행동은 삼각형처럼 연결되어 있는 고리인데 어딘가 불편한 사람은 이 세 고리 중 하나가 이상 증상을 보이게 된다. 그중 하나를 끊으면 세 가지가 이상 증상을 보이며 돌아가는 형태를 멈추게 된다. 그런 의미에서 명상은 나의 생각과 감정에 관한 부분이다.

명상을 하는 방법은 간단하다. 하루 중 언제든 자신이 편한 시간을 정하고, 일정하게 있을 수 있는 장소를 정한다. 일정한 장소가 좋기 때문에 가능하면 집이 좋겠다. 별로 어려울 건 없다. 조용한 장소를 택하고 침대나 소파도 좋지만 몸이 너무 피곤하거나 하면 금방 잠에 빠질 수도 있으므로 의자에 앉는 것도 좋다. 그러고서 처음엔 15분 정도 하나의 단어를 5초에서 10초 간격의 들숨과 날숨에 맞추어 반복하여 말한다. 평화, 사랑, 자유, 따뜻함 등 마음이 가는 편안하고 좋은 단어를 선택하면 된다. 5초나 10초 정도의 들숨에 평화, 다시 5초나 10초 정도의 날숨에 평화라고 말하는데, 이때 복식호흡을 하면서 들숨과 날숨을 반복하면 더욱 효과적이다. 이는 곧 다른 여러 가지 생각들을 멈추고 내가 선택한 단어에 집중하는 것이다. 점차 이것이 익숙해지면 굳이 단어를 말하지 않고, 시간을 늘려가도 편안하게 명상을 할 수 있게 된다. 이것 역시 훈련이기 때문에 천천히 꾸준히 시행해야 한다. 처음엔 이게 뭐 하는 건지 모르겠다고도 하고 평소보다도 잡다한 생각이 더 많이 떠오른다고 불평도 하지만 역시 첫술에 배부르지 않듯이 꾸준한 실행이 필요한 일이다.

혼자 살아간다는 건, 결혼 생활과는 또 다른 삶의 근육을 키우는 일이다. 자유롭고 가벼운 면도 있는 대신에, 외롭거나 홀로 책임져야 하는 삶의 무게들이 있다. 홀로 사는 삶에 대한 자신의 탄탄한 근육을 키워가지 않으면 나이 들어갈수록, 더 외롭다거나, 무의미하다고, 혹은 허무하다고 이야기 하게 된다. 자기 삶의 근육을 탄탄히 키우는 일은 나와 만나는 나의 내면을 깊이 들여다봄을 통해 가능하다는 것을 알아야 한다. 그것을 연습해나가면서 어느새 자연스레 나의 것으로 익숙해진다면 우리는 훨씬 더 자유롭지만 덜 무겁고 안정감 있는, 휘둘리지 않는 나만의 삶을 누릴 수 있을 것이다.

6

봉사활동을
취미처럼 하기

자기소개를 하라고 하면 사람들은 보통 자신의 가족 이야기를 꺼낸다. 결혼 몇 년 차, 한 아이의 엄마라는 식이다. 그래서 어느 날부터인지 나도 자기소개에 가족 이야기를 꺼내면 같이 살고 있는 아이들에 대한 이야기를 꺼낸다. 아이들이란? 짐작하듯이 반려견 아니면 반려묘다. 나는 반려견을 기르고 있다. "저는 현재 푸드리, 또롱이, 보리 엄마로 살고 있으며……"로 시작된다.

어렸을 때부터 개를 좋아했다. 어렸을 때 집은 마당이 있었는데 견종은 생각나지 않지만 어쨌든 커다란 개가 있었다. 나는 동물도 별로 안 좋아하고, 식물을 키우는 데도 취미가 없었다. 그래서 동물원도 별로 좋아하지 않았다. 기본적으로 누가 나를 귀찮게 하는 걸 안 좋아하고, 내 손이 닿아야만 해결되는 걸 그리 좋아하지 않는다. 그렇지만 어려서부터 개는 좋아했다. 초등학교 때 우리 집에 있던 그 큰 개를, 아마 그냥 동네에서 키우는 누렁이 똥개였던 거 같은데, 그 개를 앉혀놓고 내가 읽었던 『플랜더스의 개』이야기를 들려주던 기억이 난다. 개가 옆에 앉아서 끔벅끔벅 잘 듣고 있었다고 기억이 된다. 그렇게 친하게 지내던 개가 뭔가를 잘못 먹고 무지개다리를 건너버렸다. 당시만 해도 병원에 데려가거나 하는 건 없는 일이었다. 그저 시름시름 앓는 개를 안타까운 마음으로 바라볼 뿐이었다.

어른이 되고, 독립을 하고, 친구와도 더 이상 같이 살게 되지 않은 첫해, 내가 제일 먼저 한 일은 강아지를 데려오는 것이었다. 비좁은 집에, 월세로 살면서 눈치도 없이 강아지를 덥석 데리고 왔다. 처음 데리고 온 강아지 이름은 '보라', 견종은 시추였다. 펫숍이나 지인의 집에서 데리고 온 것이 아니라 유기견 보호소에서 데려온 유기견이었다. 3킬로도 채 나가지 않는, 아주 마르고 약한 아이였는데 눈이 정말 예뻤다. 내가 사랑과 정성으로 돌본 결과 약간 살도 오르고 표정도 밝아졌다. 그리고 그 아이는 한 미모 자랑하는 시추가 되었다. 주변에서 강아지 미인 대회에 데리고 나가라고 할 정도였다. 이 아이는 또 정말 순했다. 이런 아이면 열 마리도 키울 수 있겠나 싶었다. 그래서 유기견을 또 한 마리 데려왔다. 견종은 믹스견. 분명 시추와 뭔가가 더해져서 태어난 아이였는데 정말 특이하게 예쁘게 생긴, 발랄하지만 순한 아이였다. 이 아이들과 거의 12년을 함께 살았다. 내가 울면 옆에 와서 눈물을 핥아주기도 하고, 밤늦은 시간 집에 혼자 들어왔을 때 언제나 현관 앞에서 폴짝폴짝 뛰며 나를 반겨주었다. 하루 종일 힘든 일을 마치고 돌아왔을 때도 침대 위에서 배 뒤집고 함께 놀아주던 아이들이었다. 그 두 아이를 차례로 눈물로 떠나보내고 지금은 다른 세 마리의 아이와 함께 살고 있다. 얘들도 역시 유기견이다.

나는 내가 사람을 낳아서 양육하지는 못해도, 세상에 온 이상한 생명을 키우고 양육한다는 마음으로 강아지들을 기른다고 말하곤 한다. 정말로 그 강아지들이 내게는 아이이고, 가족이 되었다. 사람들은 내가 강아지를 데리고 올 때마다 왜 유기견을 데리고 오냐고 한다. 어떤 습관이 들었을지도 모르고, 병이 있을지도 모르는데, 이미 다 커버려서 애기 때 그 귀여운 것도 못 보는거 아니냐 한다. 어차피 평생 키울 거 새끼인 애를 데리고 오라고 한다. 처음 유기견을 데리고 온 건 친구의 권유였다. 친구도 유기견을 키우고 있었는데 기왕 키우는 거 그냥 놔두면 죽을 수도 있고, 평생 사람의 따뜻한 손길이 그리운 애들을 키우는 게 어떻겠냐고 했기 때문이었다. 그 친구를 따라 유기견을 돌보는 활동에 참여한 적이 있다.

사설 유기견 보호소였는데, 잘 운영되고 깨끗한 곳이었으나 처음 간 날 그곳에서 사람들을 향해 애처로운 눈길을 보내던 그 많은 아이들의 눈길을 잊을 수가 없다. 내가 그곳에 가서 할 수 있는 일은 산책 시켜주고, 목욕시켜 주고, 견사를 치워주고, 잠깐 놀아주고 하는 일이다. 쉬운 일은 아니긴 하지만 그래도 가끔 그렇게 보내는 시간이 행복하다. 내가 하는 일의 특성 때문에 늘 주말이 제일 바쁘고, 쉬는 날도 그리 많지 않다 보니 자주 가지는 못한다. 그럼에도 몸을 움직여 무엇인가 생명을 위해서 내가 할 역할이 있다는 건 굉장히 만족스러운 경험이다. 요즘도 시간이 될 때는 직접 가기도 하고, 아주 작은 액수지만 후원을 하기도 하면서 세상에 강아지들이 버림받지 않고 행복해졌으면 하는 바람을 가진다.

혼자 산다고 해서 특별히 시간이 많이 남아돌지는 않는다. 평일엔 직장에서 일해야 하고, 저녁이 되면 몸은 천근만근이다. 쉬는 날에는 모임도 있고, 쉬기도 해야 하고, 자기계발을 위해 시간을 투자해야 하기도 한다. 손이 많이 가는 어린아이들을 키우고 있는 워킹맘보다야 절대적으로 나만의 시간이 많기는 하지만 그건 모두 상대적이다. 무엇인가를 위해서 내 마음을 내고 시간을 내는 건 단지 내가 시간이 남아돌아서, 여유가 많아서 하는 일은 아니다. 현대인의 삶이라는 것이 나 하나 돌보기도 쉽지 않은 것이 사실이다. 그럼에도 나 외의 다른 무엇을, 다른 생명을 돌보는 것은 곧 나를 돌보는 것이기도 하다. 혼자 지내면 점점 더 '나는 혼자니까 내가 나를 돌봐야 돼'라는 생각이 들고, '나'라는 삶의 반경 안에만 매몰되기 쉽다. 그렇지 않아도 혼자 지내면서 나이가 들어가면 삶의 반경이 좁혀지기 마련인데, 모든 것이 나를 향해서만 집중된다면 건강한 독립이 아니라 고립이 될 수도 있다.

지금 떠올리고 생각해보자. 내가 돌볼 수 있는, 또는 내 마음과 시간을 내어서 돌봄을 제공할 수 있는 것들이 무엇이 있는지에 대해서. 반려견도 되고, 반려묘도 되고, 식물을 가꾸는 것도 된다. 도움을 필요로 하는 손길은 어디에든 있다. 직장에서 단체로 하는 사회봉사부터 시작해서 개인이 알아서 찾아가는 봉사까지 마음만 먹으면 자기가 관심을 가지고 좋아하는 것들을 얼마든지 찾을 수 있다. 그저 의무적으로 시간을 내서 단체로 하는 봉사가 아니라, 내가 사랑할 수 있는, 그 돌봄이 선순환하는 선한 영향력이 나의 삶을 풍성하게 해주는 무엇이 분명히 있다. 그것을 찾아서 직접 해보는 것, 생각보다 기쁘고 풍성해지는 일이다. 유기견이나 유기묘를 만나게 되면 가족을 얻는 일이 될 수도 있다. 우리가 살면서 몰라서 못 하는 일들은 어쩌면 그리 많지 않은지도 모른다. 단지 마음을 내지 않고, 관심을 기울이지 않고, 나를 잘 돌본다는 것이 오로지 나에게만 시간을 투자해야 한다는 의미로 받아들이기 때문에 기꺼이 나의 작은 돌봄과 마음을 받아들일 어떤 대상, 어떤 곳을 찾기 어려웠을지도 모른다.

누군가, 무엇인가를 위해서 시간을 내고 마음을 내고, 돌봄을 행한다는 것은 곧 나를 돌보는 삶의 연장선에 있다. 나는 우리 모두가 그렇게 연결된 존재들이라 믿는다. 그 돌봄의 선한 고리가 결국엔 내가 싱글이라 할지라도 그건 가족의 형태로서 싱글일 뿐, 세상 가운데 덩그러니 나 혼자라고 여기게 만들지 않으리라는 것을 알고 믿기 때문이다.

싱글로 산다는 건, 언제나 내가 하고 싶은 것과
하고 싶지 않은 것을 좀 더 자유롭게
선택할 수 있는 기회가 있다는 것이다.
그 말은 좀 더 행복하게 사는 내가 되는 것은
상당 부분 나의 결단과 의지에 따른
선택의 책임을 져야 한다는 말이다.

—

기상 후 일상의 목록을 만드는 것이
매일매일을 보내는 나에 대한 지침이자 예의 같은 것이라면,
퇴근 후 일상의 목록을 만드는 건
나에 대한 돌봄이자 미래에 대한 투자이기도 하다.

Chapter 4

혼자라서 더 이런가?
둘이 있어도 마찬가지

1

둘이 있으나 혼자 있으나
인간은 외롭다

2018년 12월에 TV에서 'SBS 스페셜, 결혼은 사양할게요'라는 프로그램이 방영된 적이 있다. 부모들은 자녀가 고독사할까 걱정돼 결혼시켜야 한다는 이야기를 하고 있었고, 방송은 그것을 스스럼없이 내보내고 있었다. 결혼을 해야 하는 이유가 고독사하지 않기 위해서라는 건 너무 허접해 보였다. 우리 사회에서 흔히 어른들이 결혼에 대해 하는 잔소리(?) 같은 3대 레퍼토리가 있다고 한다. 하나, "평생 외롭게 살래?" 둘, "나이 들면 후회한다." 셋, "그러다 혼자 죽으면 어떡할래?"라고 한다. 여러 가지 의미로 해석될 수 있겠지만 결국 혼자서는 못 살아간다는, 누군가 옆에 있어야 한다는 의미이다. 물론 인간은 혼자서 살아갈 수 없는 존재이다. 관계를 맺고 무리를 지어 살아가야 하는 존재이며, 그렇게 살 때 삶의 의미를 가질 수도 있고, 소위 말하는 건강한 삶을 유지할 수도 있다.

사람이 가지게 되는 여러 가지 감정들 중에서 외로움이라는 감정에 대해 생각해보자. 그것은 꼭 결혼을 통해 해소되는 감정일까? 옛날 어른들은 그랬다. 정 없어도 살 맞대고 살다 보면 정도 생기고, 그래도 열 효자보다 한 악처가 낫다고, 늙어 등 긁어주고 살 맞대고 살아줄 배우자가 있는 사람이 훨씬 행복하다고, 그러니 결혼은 해야 하는 거라고. 일면 맞는 말인 거 같기도 하지만 그렇다고 외롭지 않은 건 아니다. 사실 인간은 배우자가 있으나 없으나 외롭다. 너무 유명한 시구도 있지 않은가? 외로우니까 사람이라고. 사람은 누구나 외롭다. 나이가 들어가고, 점점 더 내 삶에 대한 책임은 오롯이 내 몫이 되어가면서 우리는 점점 더 외롭다고 느낀다.

소위 말하는 정말 눈이 높았던 S라는 친구가 있었다. 인형처럼 예쁜 외모는 아니었지만, 매력이 있었고 남자들한테 인기가 많았다. 외로움을 무진장 많이 탔고, 늘 연애를 하던 친구였는데 30대 중반이 넘어서도 결혼을 하지 않았다. S가 결혼을 하지 않은 건 우리 친구들 사이에서는 정말 미스터리였다. S는 정말 결혼을 하고 싶어 했다. 결혼하지 않고 이대로면, 늙어서 나랑 같이 살게 될지도 모른다고 하며, 급기야 결혼정보회사에 등록했다. 그리고 사람을 만났는데, 그래도 조건이 괜찮은 A라는 남자를 만났다. A가 괜찮냐고 물었더니 아니라고 한다. 3번은 만나봐야 한다며 만났는데, 전혀 즐거워 보이지가 않았다. 그리고 4번째 만나고 오던 날 도저히 안 되겠다고 했다. "내가 외로워서 죽으면 죽었지, 안 되겠어. 3번 만나고 결혼하자고 하는데, 난 30년 만나도 안 될 거 같아."

나는 잘했다고 말해주었다. 외롭다고 결혼했는데, 결혼이 무슨 떨이 물건 싼값에 사오는 것도 아니고, 지름신이 강림해서 쇼핑해야 하는 물건도 아니지 않은가? 결혼했는데도 남편이라는 사람 때문에 더 외로우면 그땐 어떡할 거냐고. 지금 이 사람과 앞으로 살면 평생 외롭지 않고 괜찮을 거야 하는 사람이랑 만나서 살아도 어떨지 모르는데, 아무리 외롭고 결혼이 하고 싶어도 그런 생각이 1도 안 드는 사람이랑은 결혼하는 거 아니라고. 그냥 혼자 사는 게 훨씬 낫다고. S는 내게 그 말이 위로로 들리지 않고 악담 비슷하게 들린다고 말했지만, 어쨌든 여전히 싱글이다.

그 후로도 S는 간간이 들어오는 소개팅에도 나가고, 여전히 "외로워. 나 결혼하고 싶어"라고 말한다. 그리고 내가 보기에는 그다지 결혼하고 싶어 보이지 않는다. 잘 살고 있다. 여행도 다니고, 돈도 차곡차곡 모으고, 직장도 잘 다니고 있고, 일도 잘하고, 본인 말로 아등바등하지 않으면서 충분히 여유롭게 살고 있다.

나도 그 외로움을 해결하고 싶어서, 결혼만 하면 그게 해결될 거 같은 생각을 가지고 배우자를 찾아야겠다고 결심한 적이 있었다. 상담을 받기 시작하면서 그런 생각 자체가 나의 부질없는 환상이라는 것을 알아채는 데까지는 시간이 필요했다. 우리가 결혼에 대해 가지고 있는 신념 중 하나는 결혼하면 외롭지 않을 것이라는 환상이다. 진짜 그럴까? 상담을 하다 보면 "그때는 그냥 외로워서 이 남자랑 살면 괜찮겠다 싶어서 결혼했어요." 하고 말하는 사람들을 만난다. 그렇게 말하면서 상담에 찾아오는 사람들은 열에 아홉은 "결혼하지 않았을 때와는 다른, 모르겠어요. 정말 외로워요"라고 말한다. 도대체 결혼을 해도 외롭고, 하지 않아도 외롭다면 어떻게 해야 한다는 걸까? 그건 결혼을 하고 말고의 답으로 해결할 수 없다는 것이다. "너무너무 외로워서 결혼하고 싶어요"라고 말하는 후배들에게 나는 먼저 자신을 만나볼 수 있도록 상담을 받아보라고 권한다. 왜냐면 외로움의 문제는 결혼으로 해결하는 것이 아니라 '나를 아는 것'에서 시작해야만 하기 때문이다. 『사랑의 기술(The Art of Love)』이라는 베스트셀러를 쓴 독일의 유명한 정신분석가이자 사회심리학자인 에리히 프롬은 '상담이란 자기를 알게 하는 것'이라고 말했다. 즉, 상담을 통해 자신을 알게 되고 자신을 만나게 되면 자신이 가지고 있는 감정적 문제들을 하나하나 다루어갈 수 있다는 것이다.

자기를 알게 된다는 것은 자기 속에 포함되어 있던 나도 의식하지 못했던 상처와 아픔을 직면하고 이해하게 되는 과정이다. 이것은 자기를, 또 자기가 가지고 있는 상처를 객관적으로 바라보게한다. 자신을 짓눌러 오던 외로움, 사랑하는 사람이 나를 버리고 떠나지 않을까 하는 두려움, 불안 이런 것들의 원인을 알게 된다. 그원인이나 실체를 알게 되었다고 해서 모든 외로움이 일시에 사라지거나 다시는 외롭지 않게 되는 건 아니다. 그건 어린 시절부터오랫동안 각인되어 온 내 생활습관으로부터 나오는 나의 감정이기때문이다. 내가 느끼는 진한 외로움은 내 옆에 남편이 있어서 가족이 있어서 친구가 있어서 해결되지 않는다. 좋은 관계의 사람들이있고, 그들과 매우 건강한 관계를 잘 유지할 수 있으면 좋다. 하지만 원래 외롭다는 감정에 휘둘리고 아픈 사람들은 혼자 있어도 외롭고, 가족을 만들게 되면 그 가족 안에서 내가 버려질까 봐 불안해서 외롭게 된다.

결국 외로움이라는 감정은 내가 나를 만나주지 않아서 생기는감정인 것이다. 내 속에서 내가 힘들다고 말하고 있는데, 내 속에있는 내가 나를 봐달라고 말하고 있는데 그걸 무시한 채 계속 다른 누군가와의 만남을 추진하면 내 속에 있는 나는 만족하지 못한다. 퍼즐과 같은 것이다. 맞는 모양의 퍼즐을 맞추어야 전체 그림이 완성되지 세모 공간에 네모 조각을 끼워봐야 별로 도움이 안 되는 것과도 같다. 외로움을 해결하려고 하는 결혼은 잘못된 퍼즐 조각을 맞추는 것일 수도 있다. 외로움에 시달리는, 그 감정으로 인한 어려움과 불안을 겪는 이들이 할 일은 외로움을 달래줄 배우자를 찾기에 앞서 내 속에서 만나달라고 말하고 있는 나를 먼저 만나는 일이어야 한다. 그래야만 나는 결혼 여부와 상관없이 나 스스로가 나와 친구 하며 살아갈 수 있다. 또 결혼을 한다 해도, 그렇게 나와 친구를 할 수 있는 성숙한 개인과 개인이 만나야만 그 결혼생활은 안정적일 수 있다.

"결혼 안 하고 혼자 늙으면 정말 외롭다"라고 말하는 이들에게 대답할 나의 말을 만들어보자. '나의 외로움은 결혼으로 해결하고 싶지 않아요. 나는 나와 친구 하는 것으로 충분해요'라는 말은 어떨까?

2

불안한 사람은
늘 불안하다

어느 날, 친구가 내게 물었었다. "지금 제일 가지고 싶은 게 뭐야?" "남편!" 나는 별로 고민하지 않고 대답했다. 별 뜻은 없었다. 매우 의외라는 듯이 "왜?"라며 친구가 토끼눈을 하고 물었다. 당연하다. 30대 중반의 나는 일에 푹 빠져 있었고, 혼자 사는 것에 대해서 별로 싫다는 내색을 한 적이 없었으니. "그냥…… 나 일 쉬고 싶어. 근데 쉬면 누가 나 먹여 살려주지 않잖아. 그냥 내가 한 일 년 쉬어도 나 먹여 살려줄 사람이 있으면 좋겠어." 나도 모르게 이런 대답이 툭 튀어나왔다. 내 속에 있던 생각이었나 보다. "그건 남편이 필요한 게 아니라 돈이 필요한 거잖아." "그래, 그렇지……. 남편이 아니라 돈이 필요한 거네." 그러고는 둘이서 그냥 실없이 웃었다.

20대 중반 이후, 부산에서 올라와서 나는 서울에서 혼자 대학원을 다녔고, 졸업 이후에 혼자 조그마한 자취방을 얻었고, 늘 시민사회단체나 종교단체에서 일했다. 일의 만족도는 높았을지 몰라도 내가 받는 월급은 하늘 높은 줄 모르고 뛰는 서울의 물가와 집값을 감당하기에는 늘 버거웠다. 10년 이상 아주 팍팍한 직장생활은 아니었지만 어쨌든 직장생활을 하면서도 늘 경제적 여유가 없어 전전긍긍했던 거 같다. 쉬고 싶을 때도 있었다. 하지만 '당장 쉬게 되면 어떻게 먹고 살지, 몇 달 쉬다가 내가 일하고 싶다고 하면 일자리가 금방 생기지도 않을 텐데……. 굶어 죽을 수도 있어'와 같은 생존에 대한 불안을 안고 쉽사리 그만두지 못했고, 일자리를 옮길 때도 한 주 이상 쉬어본 적이 없었다. 그러면서 툭툭 내뱉은 말은 '돈이 많았음 좋겠어'가 아니라 '남편이 있었음 좋겠어'였다. 돈이 많은 건 어쨌든 내가 열심히 일을 해서 벌어야 하는 내 몫이지만, 남편이 있으면 그가 해주니 난 좀 쉬어도 될 거 같은 약간 얌체 같은 마음이었는지도 모른다. 반대로 남편이 있으면 그가 쉬고 싶다고 할 때 쉬게 하고 내가 일하면 되지 싶었다. 그러면 산다는 것의 무게가 좀 덜할 거 같았다. 같이 상부상조할 수 있는 파트너가 있다는 건 좋아 보였다.

그건 생존에 대한 불안이었다. 경제적인 문제도 상당한 비중을 차지하겠지만 꼭 경제적인 문제뿐 아니라 과연 이렇게 혼자 살아가는 게 괜찮을까? 이렇게 나를 돌봐주는 사람 없이, 내가 돌볼 사람도 없이 나이 들어가는 것에 대한 불안이었다. 어느 날 아침 거울을 볼 때 매우 낯선 이가 있는 것 같은 느낌, 그런 날 거울 속에 있는 나의 거칠한 피부와 처져 보이는 목주름은 나이 들어가고 있음을 실감하게 했고, 여지없이 '이렇게 혼자 늙어가면 어떻게 되는 거지?'라는 부질없는 걱정과 불안으로 이어지게 했다. 그건 불쑥불쑥 예고 없이 찾아왔다가 또 스르르 가라앉았다를 반복한다. 매우 심할 때는 안절부절, 오늘을 살지 못하고 내일을 끌어와 내일의 걱정을 오늘 하면서 하루를 보내기도 한다. 이성적이고 합리적이지 못하다고 그 불안을 밀어내며, 오늘 내가 이룬 것을 말하고 돌아보고 스스로 칭찬을 하기도 하고, 때론 밤을 새워 책을 읽거나 영화를 보기도 하고, 기도를 하기도 하면서 떠나보내려고 부단히도 애를 썼다.

그리고 그로부터 10년이 지난 지금도 나는 비슷한 종류의 불안을 여전히 안고 살아가고 있다. 10년 전보다 거울 속의 나는 더 나이 들었다. 체력도 그때만 하지 못해서 이제 쉽게 밤새는 일은 엄두를 내기 어렵다. 필요하면 어떤 아르바이트라도 해도 괜찮았던 나이를 지나서, 이제는 아르바이트 자리에는 명함을 내밀기 어렵게 되어버린, 전문직인 것 같지만 늘 계약직이고 프리랜서인 삶의 자리에 위치해 있다. 어느 날은 하늘이 내려앉을 거 같은 불안에 스스로 휩싸이기도 한다. 그런데 지금 돌아보니, 그때는 몰랐던 것들이 있다. '경제적 여유가 있으면, 남편이 있으면, 좋은 직업이 있으면'이라고 가정하며 나의 결핍을 채워줄 무언가가 있으면 불안은 사라질 줄 알았다. 그러나 아니다. 상담을 공부하고, 내담자를 만나고, 나 스스로를 들여다보면서 얻어진 나의 대답, 그리고 많은 세상의 유명한 인사들과 학자들의 대답은 결국 불안은 언제 어디서나 인간과 함께 간다는 것이다. 불안은 늘 우리 안에 머물러 있는, 그래서 우리 인생은 평생 이 불안과 함께 갈 수밖에 없는 것이다.

좋은 직업을 가지고 있어도, 훌륭한 배우자가 있어도, 토끼 같은 자식이 있어도 불안한 사람은 늘 불안하고 심지어 공황으로까지 이어지면서 일상생활에 장애를 겪기도 한다. 반면, 사회적인 시선으로 바라봤을 때 그다지 좋은 직업을 가지지도 않았고, 내세울 만한 것도 없고, 가정도 이루지 않았지만, 매우 안정적으로 자신의 삶을 꾸려나가는 이들도 많다. 그 차이는 뭘까? 우리가 쉽게 하는 말들 중에 '컵에 물이 반이나 찼네'와 '반밖에 안 찼네' 중에서 당신은 주로 어떤 쪽으로 생각하는가라는 질문이 있다. 불안을 느끼는 것도 이와 비슷한 것일 수도 있다. 사람의 감정이 생각이 바뀐 다고 해서 백 프로 달라지는 건 아니다. 하지만 많은 경우, 생각의 전환은 감정의 전환을 불러일으키고 감정의 전환은 생각의 전환을 불러일으키며 행동의 변화를 가져오게 된다. 나는 남편도 없고 아이도 없고 돌봐줄 가족도 없고, 평생 내 손으로 내가 벌어먹고 살아야 하는 인생이라 고달프다. '내 인생의 의미는 뭘까?'라고 생각하면 내 삶은 뭔가 처량해 보인다. 그리고 닥쳐올 미래는 장밋빛이기보다 우울한 회색빛으로 가득 차 어디로 길을 가야 할지 모른다.

길을 가다 다칠까 봐 불안하고, 감염병이 돌면 혹시 내가 그 병에 걸리지 않을까 불안하고, 조금만 속이 안 좋으면 암에 걸린 게 아닐까 불안하고, 뭔가 프로젝트 하나를 실패하면 회사에서 잘릴까 봐 불안하고, 어떤 이유로든 곧 죽게 될까 봐 불안하고, 그래서 사는 것 자체가 불안하게 되면 그건 신경증이다. 인간은 늘 죽음이라는 공포와 내가 통제하지 못하는 상황에 대한 불안으로 가득할 수밖에 없다. 안전했던 엄마의 자궁으로부터 내던져진 세계는 언제나 안전하지 못하다. 그래서 인간이란 세계 속으로 던져진 존재이며, 흔들리는 터전 위에 서 있는 불안한 무엇이다. 남편이 있어도, 자식이 있어도, 돈이 많아도, 건강이 있어도, 결국 인간은 그 현실 속에서 때로는 불안을 느끼며 살아갈 수밖에 없다. 싱글인 삶이어서 결핍이 많아서 더 불안한 건 아니다.

　불안을 잘 극복할 수 있는 법과 관련된 많은 책들과 많은 멘토들과 많은 전문적 지식들이 넘쳐난다. 때로는 그러한 것들이 불안을 겪고 있는 이들에게 많은 도움이 되기도 한다. 나도 공황을 겪고 있는 많은 싱글 내담자들을 만난다. 여러 가지 기법과 방법으로 상담을 한다. 하지만 내가 결국에 도달하고자 하는, 믿는 한 가지는 '자기의 삶을 믿고 사랑하며, 결핍에 집중하지 않으며, 이 삶을 이어가고 있는 나를 자랑스러워하자'라는 것이다. 불안을 사라지게 할 뚝 떨어지는 방정식의 정답 같은 걸 찾는다면 그 불안은 멈출 수 없다. 세상에 그런 건 없다. 불안은 멈추거나 사라지게 할 수 있는 것이 아니라 내가 그 안에서 같이 흔들리더라도 꿋꿋하게 반복해서 일어나기만 한다면 결코 나를 위협할 수 있는 어떤 것이 아님을 내가 경험하는 수밖에 없다.

3

가장 친밀한 대상이
꼭 남편일 필요는 없다

에릭 에릭슨이라는 심리학자가 있다. 20세기 당시 대부분의 심리학자들이 10대 정도에서 발달 구분을 멈춘 것과 달리 에릭슨은 인간이 정신적으로 성장하는 여덟 단계를 인생 내내 나누어 제안한다. 인간은 사회적 환경과 상호작용하면서 한 단계씩 성장해나간다는 것이다. 각 단계를 성공적으로 완수하면 건강한 개인이 되겠지만, 실패하면 정신적 결함이 생긴다는 것이다. 그래서 각 발달단계에 발달과업이 정해져 있다고 했다.

그 단계 중 여섯 번째인 19세부터 35세까지 시기를 청년기라고 부른다. 이는 친밀감과 고립감이 교차하는 시기다. 애착 대상, 경쟁과 협력 대상들과 관계 맺으며 친밀감을 나눌 줄 아는 사람이 되거나, 그들로부터 후퇴하여 고립되는 삶을 추구하게 된다는 것이다. 친밀감은 생의 발달단계에서 중요한 과제로 인식될 만큼 인간에게 매우 중요한 정서적 요소이다. 유아기 때부터 엄마와 맺는 애착관계도 결국 일종의 친밀감이라고 볼 수 있다. 이게 잘 맺어지고 형성된 사람은 안정된 심리정서 구조를 가짐으로 인해 대부분 안정되게 잘 살아갈 수 있는 반면, 그렇지 않은 사람들은 대인관계에 있어서 극심한 갈등을 겪게 된다는 것이다.

친밀감이 주요 발달과제로 제시되는 나이는 에릭슨에 의하면 청년기이다. 이 시기는 사회에 나가서 내가 새로운 사람을 만나고, 연애를 하고, 결혼을 하며 내 삶을 이제 막 주도적으로 살기 시작하는 시점이다. 열심히 연애도 하고 결혼도 하게 된다. 많은 여성들이 결혼을 하고 싶은 이유 중에 친밀함의 내적인 욕구인 성적 욕구를 이유로 들기도 한다. 물론 사회가 달라졌고, 이제 혼전순결 같은 말들은 구석기시대 유물처럼 되어가고 있기는 하지만, 지금의 나는 젊었을 때와는 다르다는 걸 느끼게 된다. 원하는 파트너를 마음대로 고르기도 어려울뿐더러 점점 더 남자들은 나이 어린 여자에게 성적 매력을 더 느끼고 좋아한다는 현실을 인지하게 된다. 그래서 결혼을 해야겠다고 생각하기도 한다. 물론 이것만은 아니다. 점점 나이가 들어갈수록 나와 친밀함을 나눌 가장 가까운 한 사람을 원하는데, 그 사람이 남편이었으면 좋겠다는, 결혼을 하면 그런 욕구가 해결될 거 같은 막연한 환상 같은 것도 가지게 된다.

정말 결혼을 하면 성적 친밀감, 성적 욕구 등이 채워지게 될까? 구글에서 가장 많이 검색되는 결혼 관련 용어는 '섹스리스(sexless)'라고 한다. '결혼'이라는 단어와 연관검색어로 가장 많이 등록된 것이 '섹스리스(21,090회)', '섹스에 굶주린(1,658회)', '노 섹스(1,300회)'라고 한다. 최근 1년간 성관계 횟수가 월 1회 이하이면 섹스리스로 구분하고 있는데, 라이나생명의 라이프 · 헬스 매거진 『해이데이』가 강동우성의학연구소와 공동으로 1,090명의 성인 남녀를 대상으로 성생활 관련 설문조사를 진행한 결과, 기혼자 743명 가운데 성관계가 월 1회이거나 없다고 응답한 '섹스리스'가 36.1%에 이르는 것으로 나타났다고 한다. (심경미, 『싱글라이프』 중)

결국 결혼한 사람들 가운데서도 배우자와 섹스나 정서적 친밀감을 가지지 못하여 고통받는 사람이 많다는 것이다. 이들은 결혼은 했으나 어떤 면에서는 친밀감과 성적 욕망이 제대로 채워지지 않으므로, 결혼 전보다 더 외롭고 공허한 삶을 살기도 한다는 것이다. 실제로 내게 상담을 오는 주부들 가운데도 그런 이들이 많다. 남편이 자기와 도통 성관계를 하지 않으려 하는데 마치 내가 버림받은 느낌이라고 말한다. 결국 결혼을 하고 남편이 생기면 나의 정서적, 성적 친밀감의 욕구가 채워지리라는 것은 결혼에 대한 환상에 가까운 것이다.

인간은 모두 성적 욕구가 있고, 성적 친밀감, 정서적 친밀감을 누리기를 원한다. 자연스러운 욕망이다. 그런데 이걸 누구와 나눌 것인가가 고민이다. 이전 세대까지 우리 사회는 여성이라면 당연히 남편과만 그러한 욕구들을 나누어야 한다고 가르쳐왔고, 믿어왔다. 하지만 이제 현재는 그러하지 않다. 그렇다고 해서 아무하고나, 지나가는 사람과 친밀감을 나눌 수도 없다. 그건 친밀감이 아니라 한순간의 욕구 해소를 위한 순간의 쾌락이 될 가능성이 높기 때문이다. 그 한순간의 쾌락이 옳으냐 그르냐 하는 문제가 아니라, 그것이 중독을 일으키는 기제가 되기도 한다는 것이 중요하다. 성 중독에 빠진 많은 사람들이 그런 경우다. 점점 더 남성뿐 아니라 여성들도 성 중독 등으로 인해 상담을 청해오는 케이스가 많아지는 것이 그런 현상을 반영한다고 보면 된다.

남편이 없는 싱글 여성들의 친밀감에 관한 욕구는 어떻게 할 것인가? 인간은 모든 욕구를 100퍼센트 만족할 만큼 채우면서 살 수는 없다. 언제나 모든 욕구에는 어느 정도 결핍이 따르기 마련이다. 그걸 인정한다면 우리는 꼭 남편이 아닌, 내가 귀하게 여기는 많은 사람들과의 관계 속에서 정서적 친밀감을 채워갈 수 있다. 또 꼭 육체적인 성적 결합이 아니더라도 이성 간에, 동성 간에 자신의 매력을 어필하면서 서로의 정서를 어루만져 주고 함께 나눌 수 있는 방법은 얼마든지 있다. 성적 욕망이, 성적인 친밀감을 누릴 수 있는 관계가 인간에게 있어서 매우 중요한 욕구임에는 틀림없지만 그렇다고 해서 거기에 지나치게 몰두하거나 집착할 필요는 없다는 것이다. 내가 행복하기 위해 필요한 것은 나를 사랑하고 내가 사랑할 수 있는 단 한 명의 남자가 아니다. 내가 그에게서 사랑받지 못해서 불행한 건 아니지 않은가! 어쩌면 서로 사랑하고 친밀감을 나누기 위해서 결혼을 해야 할 텐데라는 초조함이 나를 불행하게 하는 것일 수도 있다.

내가 만나는 수많은 사람들을 지금 떠올려 보자. 이성이든 동성이든, 나를 사랑해주고 내가 사랑하는 사람. 내가 우울할 때 나에게 군말 없이 따뜻한 밥 한 끼 사주었던 내 친구, 심심하다고 말할 때 기꺼이 같이 영화 보러 가자고 따라 나서주었던 나의 후배, 승진의 기쁨에 열었던 나의 작은 파티에 기꺼이 와주었던 나의 몇몇 동료들. 피 터지게 언쟁한 후에도 나를 욕하는 상사에게 나를 변호해주며 대들던 나의 친구. 이런 모든 이들이 나의 정서적 동지이며 나와 친밀함을 누려가는 이웃들이다. 그래서 이들이 어떤 의미에서는 나의 남편이 되기도 하고 가족이 되기도 하는 것이다. 그렇게 쌓여진 친밀감은 내 삶을 풍족하게 만들어주는 자양분이 될 것이다. 멋진 이웃들과 쌓아가는 나의 내적 친밀감이 결혼으로 남편을 두고 있음에도 섹스리스에, 버려진 느낌으로 지독한 외로움에 시달리는 어떤 이의 삶보다 나을 수 있지 않을까?

그러니 제발 남편이 있었더라면이라는 가정은 하지 말자. 남편이 있어서 내 삶이 더 나아졌을 것이라는 가정은 더 하지 말자. 어차피 인생에 가정은 없는 것이고, 설사 그렇다 하더라도 어떡하겠는가. 지금은 내가 남편이 없고 싱글인 것을. 그냥 이대로 지내는 것도 충분하고 좋다. 나에게 자주 말해주자. 컨디션이 좋지 않은 어느 날, 내게 다가오는 모든 부정적 감정이 어느 날은 내가 아직 혼자라서 그런가, 내가 결혼을 안 해서 그런가, 이렇게 느껴질 때가 있다. 절대 그렇지 않다. 결혼을 안 해서가 아니라 그냥 인생이 그런 거다. 그런 부정적 감정이, 기쁘지 않은 삶이 불쑥불쑥 결혼한 사람에겐, 싱글인 사람에겐 찾아오게 마련이다. 그걸 견뎌낼 수 있는 힘은 나를 사랑하는 것에서부터 오게 되어 있다. 그러니 아직 결혼을 선택하지 않은 당신. 스스로에게 좋은 말들을 들려주고, 스스로에게 웃음을 보여주고 스스로에게 따뜻하게 대해주자. 나는 나라서 참 좋은 사람이다.

4

혼자라 우울하다고 느껴지는
어느 날

'오늘 밤 잠이 들면, 내일 아침을 맞을 수 있을까? 오늘 밤이 마지막일지도 몰라. 오늘 밤이 마지막이었으면 좋겠어.' 왜 이런 생각을 했는지 모르겠지만, 한참 이런 생각을 할 때가 있었다. 아마 몸이 많이 아팠고 마음이 많이 아팠던, 마흔을 코앞에 둔 어느 시절이었다. 꼭 삶을 마감하고 싶다는 생각이었던 건 아니지만, 그냥 다음 날 아침 눈을 뜨지 않아도 별 미련은 없겠다 싶은 그런 날들이었다.

모든 게 내가 원하던 대로 되지 않고, 내가 가고 싶지 않던 어떤 길로 가야만 했던 날이었으니까. 그래도 잘 견뎌냈다. 힘을 내서 하루하루 그 날 해야 할 일을 했다. 자기 전에 일기를 썼고, 한 시간씩 두 시간씩 이유 없는 눈물을 흘리면서도 눈물을 닦았다. 다시 눈이 떠졌을 때, '아, 눈이 떠지고 말았네. 아침이 왔구나. 아직 살아 있네'라고 중얼거리며 핸드폰 알람 한 번 만에 잠자리에서 나오려고 필사의 노력을 기울였다. 운전을 하다가 자꾸만 멍해지고, 눈물이 흐를 때에는 차를 두고 대중교통을 이용했다. 사무실에서도 이유없이 또르르 눈물이 흘렀다. 그럴 때는 길고 깊은 호흡을 했다. 심장이 뛰고, 아프고, 숨을 쉴 수 없을 거 같았지만 그래도 하나, 둘, 셋, 넷, 다섯에 숨을 들이쉬고 그다음 다시 하나, 둘, 셋, 넷, 다섯에 숨을 내쉬었다. 그래도 강의를 해야 하는 날에는 웃으면서 강의를 했고, 작성해야 하는 페이퍼는 완벽하게 만들어냈다. 위가 탈이 났는지 자꾸만 음식을 받아들이려 하지 않았지만 식사를 잘 챙겨 먹었다. 하루에 30분씩 일부러 걸었다. 잠이 잘 오지 않았지만, 잠이 들어도 몇 번씩 깼지만 그래도 가능하면 같은 시간에 침대로 들어갔고, 같은 시간에 침대에서 나오려고 애썼다. 그렇게 추운 한 계절을 보내고, 꽃이 피는 걸 보고 미소 짓고, 반소매 옷을 꺼내 입으며 서서히 얼굴빛이 돌아오기 시작했다.

그렇게 깊은 무기력과 우울을 앓던 늦가을, 겨울 그리고 봄이 지나갔다. 우울증이었다. 사랑했고, 결혼하고 싶었던 30대 마지막 해에 만났던 사람과 헤어짐을 통과하는 중이었다. 유난히 그 사람을 더 좋아했기 때문이었는지, 아니면 마흔을 코앞에 둔 시절이어서인지, 그도 아니면 그게 내 인생의 마지막 결혼 기회라고 생각했기 때문이었는지 잘 모르겠으나 지독한 우울증과 무기력을 겪으며 그 헤어짐을 견뎌야 했다. 앞서도 몇 번의 연애 경험과 될 듯했던 결혼이 파투 난 경험이 있었지만 그해만큼 그렇지는 않았다. 그래도 그 우울증을 통과하며 내 상담 선생님은 나에게 말했었다. 당신은 내면에 힘이 있다고. 본인이 알고 느끼는 것보다 더 큰 힘이 있다고. 그래서 아프지만 지나가고 있다고. 그러니 너무 극복하려고만 하지 말고 그냥 그대로 잠겨도 된다고. 없애려고도 이기려고도 하지 말고 그냥 받아들여 보면 어떻겠냐고. 받아들이는 것 말고는 딱히 할 수 있는 것도 없었으니 난 고스란히 그 우울을 내 온몸으로 받아들이고 견뎌내고 그리고 지나왔다.

상담을 하면서 나와 비슷한 처지에 있는 내담자들도 많이 만난다. 왜 우울한지 모르겠는데 그냥 정말 아무것도 할 수 없고, 늘 멍하고 답답하며, 시도 때도 없이 눈물이 흐른다고. 너무너무 우울해서 죽을 거 같다고. 이 우울함이 사라졌으면 좋겠다고. 특히 30대 중후반을 넘어가면서 직장에서의 위치에 대해서도 괜스레 불안을 느끼고, 연애를 하는 이들은 하는 대로 하지 않는 이들은 하지 않는 대로 지금 내 삶이 이대로 괜찮은가라는 불안 속에 떨다 보면 본인도 어찌할 수 없는 우울 속으로 빠져드는 경우들이 많이 있다.

이때 정신과를 가지 않고 상담을 받으러 오면서 이들은, "어쩌면 선생님처럼 그냥 제 이야기를 들어줄 사람이 필요했는지도 모르겠어요"라고 말한다. 나의 경험도 그러했다. 상담에도 우울을 다루는 많은 이론들이 있지만 제일 중요한 건 결국 자기를 드러내는 일이다. 꼭 이유를 찾지 않더라도, 꼭 원인을 말하지 않더라도 그냥 덤덤히 지금의 자기를 드러내놓고 묘사하고 말할 때 그 우울감은 옅어지기도 하고, 또 때로는 그냥 안고 가야 하지만 그 안고 감이 좀 덜 아프게 되기도 한다.

오늘 우리 사회에서 우울은 아주 흔한 질병의 이름처럼 되어버렸다. 끊임없는 무한경쟁의 시대에 나를 온전히 드러내면 나만 못난 사람이 될 거 같은 두려움, '괜찮아'라고 말하며 씩씩한 척 힘을 내보지만 전혀 괜찮지 않다. 더욱이 주변 사람들의 평범하다고 여겨지는 삶의 궤적과 점점 달라지고 있는 나의 삶을 볼때는 그러하다. 그렇게 주변에 사람이 많은 거 같은데 막상 주변을 둘러보면 내 이야기 한마디, 내 울음 한 시간 마음 편히 들어주고 받아주는 사람이 없는 것 같은 고립감. 그럴 때 '나는 잘 살고 있는 게 맞을까? 이대로 영원히 혼자 고립되는 건 아닐까?'라며 찾아오는 회색빛 같은 무기력함과 우울감. '난 열심히 산다고 살았는데 여기서 낙오자가 되어버리는 건 아닐까?'라는 열패감. 더 이상 내 삶에 변화도 나아짐도 새로운 설렘도 없을 거 같은 절망감. 새로운 햇살이, 한들거리는 바람이, 조그마한 연둣빛 새싹이 더 이상 나에게 기쁨을 주지 않음을 알았을 때의 당혹감. 이런 모든 것을 합하여 우린 모두 얼마쯤은 이런 우울함을 무기력을 지니고 살아가고 있다. 그렇다고 한탄하거나 주저앉거나 너무 슬퍼하지 않아도 된다.

싱글이거나 아니거나, 좋은 직업을 가졌거나 그렇지 않거나 우리는 모두 한순간 그러한 때를 만난다. 그때 너무 몸부림치면 오히려 그 속에 갇히기 십상이다. 열심히 실타래를 풀었는데도 실타래는 점점 엉켜가는 것과 같다. 그냥 가만히 나를 들여다보아야 한다. 꼭 뭔가 원인을 찾아낼 필요도 없다. 그런 상황에서는 대부분 원인을 찾는다 해도 원인을 해소할 기운도 남아 있지 않다. 글을 쓰든, 노래를 부르든, 길을 걷든, 전문 상담사를 찾든 그냥 내가 나와 함께할 수 있는 시간을 만드는 게 가장 좋다. 더 이상 담아둘 수 없는 내 이야기가, 돌아봐주기를 간절히 원하는 진짜 내가 내 속에 똬리를 틀고 있기 때문이다. 그걸 들어주지 않고 봐주지 않기 때문에 우울이라는 이름으로 찾아오는 것이다. 그것을 들여다보아 주고, 들어주고, 같이 울어주는 것만으로도 좋다. 진심으로 나에게 귀를 기울여주는 것만으로도 그 우울은 견딜 만한 것이 되어간다. 어떻게 나에게 귀를 기울이는지, 어떻게 나를 돌보아주는지 모를 때는 그것을 도와줄 수 있는 전문가를 찾는 게 좋다. 전문가는 달리 전문가가 아니다. 하지만 나 자신에 대한 최고의 전문가는 바로 나다. 싸우고 이기려고 애쓸수록 점점 미로를 헤매게 되지만 힘을 뺄수록, 나에 대해 가장 존중하는 자세로, 가장 사랑하는 자세로 연민 가득한 마음을 가지고, 정성껏 나와 함께할 때, 그 우울은 지나갈 수 있다. 때로 옆에 좋은 사람이 있으면, 나를 정말 이해해주는 일상의 파트너가 있으면 더 쉬울 수도 있다. 그런데 그 일상의 파트너가 꼭 남자 친구이거나 남편일 필요는 없지 않은가. 혼자라서 노처녀 히스테리 부린다는 말도 안 되는 소리를 듣기 싫어서 꾹꾹 참기도 하는데, 그저 내뱉되, 표현하되, 자신을 타인을 공격하는 방식이 아니라 나를 사랑하는 방식으로 그렇게 드러냄으로써 우울은 점차 나아져간다.

당신이 지금 혼자라서 우울한 것 같다면, 그냥 시나브로 나이 들어감을 받아들이기 어려워서 우울한 것 같다면, 괜찮다. 그럴 수 있다. 그건 상황을 바꿈으로써 나아지는 게 아니다. 나를 받아들이는 태도를 변화시킴으로써 서서히 나아질 수 있다. 그러니 혼자라고, 나이 들어가고 있다고, 그런데 우울하기까지 하다고 자책할 필요도 없다. 혼자서 나이 들어가도, 싱글이어도, 만약 심지어 직장을 잃기까지 했다 해도, 그래서 우울함이 나를 휩싸고 있다 해도 괜찮다. 나에 대한 사랑과 나에 대한 존중만 계속 지켜나간다면. 우리 혼자 나이 들어가고 있는 나를 사랑하자. 잘 해왔고, 잘 해갈 수 있다. 설혹 잘 못하면 어떤가? 좀 쉬었다 가도 괜찮다. 인생은 그리 쉽게 내 마음대로 끝나지 않는다.

5

독립,
그들은 그들대로, 나는 나대로

나는 언제 독립을 했을까? 부산 토박이가 서울로 대학원에 진학하면서 기숙사 생활을 시작한 이후 혼자 살기 시작했으니 26살이 나의 독립의 시작이라 볼 수 있겠다. 그 뒤로 나는 정말 독립을 했을까? 그렇다고도 볼 수 있고 아니라고도 볼 수 있다. 독립이란 건 경제적으로, 정신적으로 부모로부터 분리되어 나와서 혼자의 삶을 혼자서 꾸려가게 되는 일이다. 그런 의미에서 본다면 나는 시시때때로 부모로부터 도움을 받았다. 집을 얻을 때, 정말 돈이 급한데 도저히 누구한테도 말할 수 없을 때, 손 하나 까딱하지 않고 밥을 얻어먹고 싶을 때. 생각해보면 독립은 독립인데 참 이기적으로 내가 필요할 때 난 나의 엄마, 아빠를 찾았다. 그분들이 나를 필요로 했을 때 나는 그분들의 곁에 있었는지는 잘 모르겠다. 정서적으로는 어땠을까? 난 늘 내가 필요 이상으로 성숙하다고 생각했다. 중학교 1학년 때까지 우리 집은 방이 두 칸이었다. 식구는 넷이었지만 남동생이 있었으니 각자 방이 있었으면 했다. 중1 시절, 난 내 방을 갖고 싶다고 간절히 기도했다. 아직도 내 일기장에 썼던 문구 중 하나가 기억에 남는다. '나에게도 내가 그저 누울 수 있는 방 한 칸만 있으면 좋겠다. 그러면 거기서 나는 내가 울고 싶을 때 마음껏 울 텐데'라고. 중1 소녀는 혼자서 무척이나 울고 싶었나 보다.

아마도 오래지 않아 내 방이 생겼고, 나는 내 방에서 잘 나오지 않았다. 아빠가 바쁘게 일하는 것은 물론이려니와 엄마도 일을 했었기 때문에 식구가 모두 모여 얼굴 보고 밥 먹을 수 있는 시간조차도 별로 없었다. 또 당시 내가 고등학생일 때는 아침 6시면 집에서 나서서 밤 10시까지 자율학습을 마치고 집으로 돌아오면 11시였다. 그러면 엄마는 내 교복 와이셔츠를 빨고, 말리고, 다렸다. 나는 내 부모가 나에게 잘못한 것이 없다고 여겼다. 단지 그들은 먹고사는 것에 너무 바빠서, 경상도 특유의 무뚝뚝함 때문에, 또 마음에 있는 것들을 언어로 충분히 표현할 수 있을 만큼 배움이 길지 않아서 나에게 내가 원하는 모든 것을 충분히 해주지 못했을지언정, 내게 잘못하진 않았다고 여겼다. 실제로 그랬다.

하지만 상담을 받으면서 내게도 숨겨진 상처가 드러났다. 빨리 어른이 되어버린, 너무 빨리 내 인생을 누군가에게 의지하지 않고 혼자 해결해나가야만 하는 아이로 자랐음을 알게 되었다. 그래서인지 연애를 할 때도 나는 의존하고 기댈 사람이 필요했지만, 늘 나에게 기대는 사람이거나 반대로 너무 강력하게 독립적인 사람들과 만났다. 상담을 하면서 난 말했었다. 난 내 부모를 이해한다고. 당신의 부모에게서 물려받은 것 하나 없이, 맨 몸뚱어리로 자식 둘 낳아서 키워내기가 쉽지 않았을 것이라고 말이다. 정서적인 친밀, 돌봄, 이런 게 뭔지도 잘 몰랐을 것이고, 그저 잘 먹이고 잘 입혀서 대학까지 무사히 공부할 수 있도록만 해주는 것으로 부모의 소임을 다했다고 여겼던 분들이고 그런 시대였다. 돌아가신 아버지는 늘 내가 원했던 외국 유학을 보내주지 못한 걸 아쉬워하셨다. 그러지 말라고 해도, 내가 능력이 없어서 가지 않은 거라 해도 그 마음이 그렇지 않았나 보다.

나는 그렇게 빨리 정서적으로 부모로부터 떨어져 나왔고, 마치 고아인 것처럼 여기저기 나를 사랑해줄 사람을 찾아 헤맸다. 다행히도 그 헤맴은 나를 어그러진 길로 끌고 가지는 않았으나, 결혼으로 골인하게 하지는 않았다. 지금은 혼자 나이 들어가고 있고, 아버지가 떠나신 후는 의도하지 않았으나 얼떨결에 엄마와 둘이 지내고 있다. 26살에 서울살이를 시작한 이래, 처음으로 아침밥을 먹고, 엄마랑 집에 같이 있는 날은 하루 세끼를 인스턴트가 아닌 집밥을 먹는 호사를 누리고 있다. 그리고 이제는 내가 엄마의 보호자가 되었다.

도대체 부모와 자녀 관계는 뭘까? 상담이란 대부분 생애초기관계에서 사회화 과정을 거치면서 만들어진 나의 정서, 성격, 대인관계 패턴, 갈등해결 능력 이런 것들을 살피는 것이다. 상담을 하면 부모와의 관계 이야기는 빼놓을 수가 없다. 특히 딸과 엄마의 관계처럼 세상 미묘한 관계도 없다. 딸이 어려서는 딸의 보호자였던 엄마는, 딸이 나이 들어감에 따라 보호의 대상으로 그 신분이 변한다. 그럼에도 그걸 받아들이지 않아서 끊임없이 딸과 갈등하기도 한다. 서른도 훌쩍 넘은 딸의 일거수일투족에 관심을 기울이며 통제한다. 딸이 거부하면 '내가 누굴 보고 살았는데'부터 시작해서 '혼자 있는 딸 걱정하는 건 엄마의 당연한 권리다'라는 억지 같은 논리까지. 또 서른이 넘어가고 마흔이 가까워오면 대부분의 딸들에게 엄마는 연민의 대상이다. 엄마가 얼마나 고생하며 나를 키웠는지에 대해 떠올리며, 엄마를 미워하거나 엄마에게 반대하는 건 죄악이라고까지 여긴다. 그러면서도 여전히 "우리 엄마는 왜 그런지 모르겠어요." "엄마가 바뀌지 않을 거라는 건 알지만 너무 힘들어요"라고 말한다. 엄마를 향한 섭섭함, 미움, 나를 힘들게 했던 엄마에 대한 원망 등을 드러내놓지 못한 채 그저 안고 있는 것이다. "결혼도 안 했는데 아들 노릇이라도 해야지요"라는 자기합리화적인 변명과 함께.

그러면서 나이가 들어가는 싱글인 딸은 경제적으로도 정신적으로도 부모의 부양자가 되어간다. 결국 가족 간의 건강한 분화는 평생 이루어지지 않은 채, 서로가 융합된 채로 '왜 우리 엄마는 저럴까, 내 마음을 몰라줄까, 엄마가 나한테 어떻게 했는데……' 등등의 원망도 했다가, 더 잘 돌봐드리지 못하는 것에 대해 자책도 한다. 그렇게 함께 서로를 끌어안고 뒹군다. 그러니 마음이 가벼울 리가 없다. 결국 진정한 독립은 이루어지지 않은 것이다. 경제적으로는 어느 정도 독립되었다고 할 수 있으나, 정서적으로는 그대로 융합인 채로 살아가는 많은 이들을 내담자로 만나곤 한다. 내가 부모에게서 정말로 떨어져 나오면 어떨까? 아이가 되어가는 것 같은 부모의 어리광과, 떼씀과, 간섭이 괴롭다고 느껴질 때, 더 이상 거기에 나 스스로가 끌려 들어가지 않아야지만 독립된 내 삶이 시작된다. 부모는 영원히 부모고 나는 나다. 내가 그들의 감정의 쓰레기통이 되어주지 않는다 해서 내가 나쁜 건 아니다. 내가 그들의 감정의 쓰레기통이 되어주는 건 그거라도 해야 내가 딸로 인정받을 거 같다는 불안감 때문이다. 그렇게 하지 않아도 된다. 부모는 내게 그것을 요구할 권리도 없고, 나는 그것을 받아들여야 할 책임도 없다. 그들은 그들이고 나는 나다. 경제적으로든, 정서적으로든, 생각이든, 감정이든 모든 것을 부모와 떨어뜨려 놓고 나는 나를 위해 살아야 한다. 여전히 부모에게 좋은 딸, 시집도 안 갔으니 다른 걸로라도 효도하고 싶은 착한 딸이 되고자 노력하면 할수록 나의 완전한 독립은 요원해지며, 더 나은 부모와의 새로운 관계도 기대하기 어렵게 된다.

부모를 돌보지 않는 것이 아니라, 군이 내가 나의 감정을 꼭꼭 숨긴 채 이제는 나이 들어버린 내 부모의 부모가 될 필요는 없다는 것이다. 또는 경제적으로는 독립해서 떨어져 나왔지만 나의 정서와 사고와 삶을 여전히 부모의 뜻에 따라서, 그들의 선택이 옳은 것이려니, 나에게 해가 되지 않으려니 하고 따라 사는 것 또한 독립하지 못한 나의 모습이다. 결혼하지 않은 나는 이제 누구에게도 기대지 않고, 완전하게 나에게 집중하면서, 당당한 나로 살아가야 한다. 그러려면 제일 중요한 건 부모로부터의 경제적, 정서적 독립이다. 모든 부모는 자식을 돌볼 책임과 의무가 있다. 그게 부모라는 이름에 매겨진 무게이다. 그리고 그것을 잘 감당해오셨으니 물론 얼마나 감사한 일인가. 그리고 나는 결혼하지 않아서 아이도 낳지 않으니 그걸 내리사랑으로 다시 갚을 길도 없어 보인다. 그래서 어떤 이는 영원한 아이로 부모 곁에 머무르려 하고, 어떤 이는 부모의 부모로 부모 곁에 머무르려 한다. 그러나 모두 건강한 관계가 아니다. 나는 그저 이제 나이 들어 부모를 떠나, 내 독립적인 삶을 누리는 성인으로서, 이제 연로하신 부모님을 잘 배려하고 돕고 필요에 따라 돌보는 자식으로 살아가자. 그것이 진정으로 독립한 삶이고 나도, 부모도 건강해지는 길이므로.

6

좋은 사람 콤플렉스,
모든 사람에게 좋은 사람이 될 수는 없다

"다른 사람과 관계를 맺을 때 무엇보다도 먼저 알아야 할 것은 상대가 나의 행복 추구 방식을 억지로 바꾸려고 하지만 않는다면 나도 상대의 독특한 행복 추구 방식을 그대로 인정해주어야 한다는 점이다."

데일 카네기의 『인간관계론』에 나오는 말이다. 흔히들 여성들은 관계 중심적이고 남성들은 일 중심적이라는 말을 많이 한다. 일을 할 때도 남성들은 결과와 실적에 의거해 판단하지만, 여성들은 그렇지 않아서 객관성과 공정성이 떨어진다는 말들도 한다. 꼭 그렇지도 않다. 그저 개인의 성향일 뿐인 거 같다. 사람들은 직장생활을 하고, 연애도 했다가 헤어지기도 하는 관계들을 경험하게 된다. 그러면서 어느 정도 적당히 거리를 둬야 할 사람, 친하게 지내야 할 사람, 다시 만나지 말아야 할 사람 등등 자기 나름의 인간관계를 정리하게 된다. 그런데 혼자 나이가 들어가면서 점점 더 이 모든 인간관계에 대해 일종의 집착을 가지면서 힘들어하는 이들을 만나게 되기도 한다.

'나는 싱글이니까 좋은 사람들을 더 많이 만나고 외롭게 보이면 안 돼'라는 생각으로 복잡다단한 SNS상의 인간관계를 맺는다. 여기저기 모임들에 끊임없이 나가면서 내가 사람들과 연결되어 있다고 여기게 된다. 그러면서도 종종 "H 때문에 너무 힘든데." "J가 내 뒷담화를 했다는데, 어떻게 그럴 수가 있지?"라면서 흥분하기도 한다. 대부분 내가 모든 사람들과 가능한 좋은 관계를 맺어야 하고 나는 좋은 사람이어야 한다는 자기 검열이다. 나는 충분히 좋은 사람으로 상대를 배려하고, 대접했는데 상대에게서 돌아오는 건 이기적인 자기 욕심 채우기인 경우, 분노한다. 내가 얼마나 괜찮은 사람인데 어떻게 내 뒷담화를 늘어놓는가에 대해서 흥분한다. 뭐가 문제일까? 사람들은 모두 다르다. 서로의 기대가 다르고, 삶의 방식이 다르고, 기쁨을 느끼고 슬픔을 느끼고, 무시를 당했다고 느끼거나, 배려했다고 생각하는 그 포인트가 모두 다르다. 그걸 인정하는 것이 중요하다. 그런데 이게 무척 어렵다.

재밌는 건, 내담자들 중에 보면 직장에서 일은 잘할 수 있는데 '인간관계가 너무 힘들어요'라고 오는 내담자는 여성이 월등히 많다. 반면에 '나는 일도 잘하고 관계도 원만한데 이번에 승진에서 떨어져서 너무 괴로워요'라는 식의 인정에 관한 좌절로 찾아오는 내담자는 남자가 훨씬 많다는 것이다. 이건 남녀의 타고난 차이라기보다 어느 부분을 내가 더 중요시 여기는가에 관심사의 차이라 보는게 옳다. 그런 의미에서 관계에 대한 민감도는 여성이 훨씬 높다고 볼 수 있다. 그렇기 때문에 여성들 중에는 직장생활도 좀 했고, 나이도 있으니 당연히 "그래, 사람들은 다 다르니까 그런 반응을 보일 수도 있고 나한테 저렇게 행동할 수도 있지"라고 넓은 아량을 가지고 있을 것이라고 여긴다. 그런데 대부분 아니다. 혼자 끙끙대고, 전전긍긍하며 인간관계에서 오는 스트레스를 견뎌 하지 못하는 많은 내담자들을 만났었다.

　인간관계에서 스트레스가 왜 오는지 한번 생각해보자. 어떤 글에서 읽은 기억이 있는데 단순한 이분법이긴 하나 그 저자는 말하길 세상엔 두 부류의 사람이 있다고 한다. 남의 말을 하는 사람/그 화제에 오르는 사람, 욕하는 사람/욕먹는 사람, 모차르트 같은 사람/살리에리 같은 사람, 중요한 건 어느 경우든 후자보다는 전자가 더 편안하고 자기충족적인 삶을 살아가는 것을 보게 된다는 것이다. 맞는 말이다. 이 분류의 키는 내가 모든 사람에게 좋은 사람이 되지 않아도 된다는 것이다. 생각해보라. 나는 좋은 사람이고 싶다. 당연하다. 인간은 누구나 인정과 사랑을 받고 싶어 하는 존재이다. 좋은 사람이 되고 싶다는 건 대부분의 사람들로부터 칭찬도 받으면서 일도 잘한다고 인정도 받고 싶다는 것이다. 다른 사람들을 잘 돌봐주면서도 깔끔하게 자기의 영역과 위치를 방어할 줄도 아는 그런 사람이다. 그런데 어렵다. 사실 잘 되지 않는다. 사회가 얼마나 정글 같은지 겪어오고 있지 않은가. 모든 사람에게 좋은 사람도 없고, 모든 사람에게 나쁜 사람도 없다. 폭발적 인기를 모았던 『미움받을 용기』라는 책의 내용을 꼭 빌리지 않더라도, 나는 굳이 인정받는 좋은 사람일 필요가 없다. 미움받지 않으려 아등바등 애쓰지 않아도 된다. 우리나라처럼 인맥이라는 게 중요하게 여겨지는 사회에서 되도록 많은 사람을 만나서, 좋은 관계를 쌓아두어야 이후에 뭐라도 내 삶에 도움이 될 것이라는 기대를 하기도 한다. 틀린 말은 아니나 굳이 그걸 얻기 위해 나의 에너지를 쏟았을 때, 기대만큼의 성과가 돌아오지 않는 경우를 더 많이 보게 되고 그럴 때 우리는 스트레스를 받는다. "나는 이렇게 대했는데 그 사람은 왜 나한테 이래?" 그럴 수 있다. 아무리 내가 좋게 대한다 하더라도 상대방이 나에게 내가 기대한 만큼 잘 대해줘야 할 의무 같은 건 없다. 물론 내가 기대한 만큼 또는 그 이상을 해주는 사람들도 있을 수 있다. 그러면 고마운 거고. 그렇지 않은 경우가 더 많다.

나와 비교하기 시작하면 나만 더 힘들어지고 초라해진다. 혼자 나이 들어가는 게 때로는 두려워서, 때로는 내 곁에 사람들이 남아 있지 않게 될까 봐, 좋은 게 좋은 거라고 상대의 기대에 맞추기 시작하면 끝이 없다. 그리고 나는 관계에 지치게 된다. 내가 미워하는 사람이 있으면 어떤가? 나를 미워하는 사람이 있으면 어떤가? 중요한 건 내가 나를 미워하지 않으면 된다. 인간관계가 기브앤테이크 같지만 인간관계는 수학이 아니다. 절대 기브앤테이크가 될 수 없다. 왜냐면 기본적으로 관계란 나의 심리내적 역동과 상대의 심리내적 역동이 만나서 또 다른 역동을 일으키는 화학적 결합의 산물 같은 것이기 때문이다. 좋은 관계를 만들 수 있다는 기본적인 전제 하에서 내가 나를 미워하지 않고, 내가 나에게 솔직하며, 타인에 대해서도 솔직하여야 한다는 것이다. 그러다 보면 무리 없이 편하고 좋은 관계의 사람도 생기고, 뭘 해도 불편한 사람이나 미운 사람이나 나를 미워하는 사람도 생기게 마련이다. 그건 모두 나의 심리내적 기제가 작동하는 거다. 언제나 원인은 나에게 있다.

인간관계를 잘하는 열 가지 방법, 이런 종류의 많은 격언들이 책에도 인터넷에도 무수히 많이 떠돌아다닌다. 그런데 핵심은 비슷하다. 내가 정리한 핵심은 다음 몇 가지다.

첫째, 내가 어떤 사람인지 알아야 한다. 문제는 나로부터 출발한다. 내가 어떤 사람인지 알아야 한다. 어떤 신념을 가지고 있고, 어떤 내면의 상처가 있고, 어떤 것들을 투사시키는지, 어떤 것들을 내면화시키는지, 어떤 핵심감정을 가지고 있는지 등에 대해서 알아야 한다. 이건 혼자 살필 수도 있겠지만 약간은 전문가의 도움이 필요한 영역이기도 하다.

두 번째, 나와 상대는 다른 사람임을 인정해야 한다. 당연하다. 생각도 다르고, 자라온 환경도 다르고, 좋아하는 것도 싫어하는 것도 다르다. 아주 비슷한 사람을 만날 순 있어도 그래도 다르다. 다르다는 것은 나와 같을 수 없다는 것이고, 그 말은 내 생각에 상식인 것도 그 사람 생각엔 상식이 아닐 수도 있다는 것이다. "세상에, 어떻게 그럴 수가 있어." 세상에 그럴 수 없는 일은 없다.

세 번째, 내가 기대한 대로 상대를 바꾸려 하지 말아야 한다. "나에게 이렇게 말해주면 좋겠어요." "나에게 이렇게 대해주면 좋겠어요." 물론 기대할 수 있다. 그러나 기대했다고 해서 상대방이 그렇게 할 수는 없다. 하지 못했다고 해서 비난해서는 안 된다. 내가 이렇게 기대했고 요구했는데 왜 못 해주냐고 따지면, 다른 사람도 나에게 그럴 수 있다. 기대를 낮추고, 기대를 하더라도 그것이 이루어지지 않았을 때 비난하지 말 것. 또는 내 책임으로 돌려서

죄책감을 가지지 말 것. 세상에서 내가 바꿀 수 있는 건 오로지 나 자신뿐이다. 그래서 내가 달라지면 상대방도 달라질 수 있다.

넷째, 나는 사랑받을 수도 미움받을 수도 있는 사람이다. 당연하지 않은가? 문제는 인정하는 거다. 나의 어떤 면은 A와 B에게는 사랑스러울 수 있지만 C에게는 미워 보일 수 있다. 반대도 마찬가지다. 나라는 존재는 약한 것과 강한 것 모두를 가지고 있다. 관계는 역동이기 때문에 나의 어떤 면은 A에게 사랑인 반면, C에게는 시기심일 수도 있다. 세상에 모 아니면 도는 없다. 마지막으로 내가 다른 사람에게 사랑받고 미움받는 정도가 나의 가치를 결정하지 않는다. 인정받고, 사랑받기를 원하는 건 모든 사람에게 존재한다. 나는 그냥 나로 존재한다. 부족하고, 넘치고, 약하고, 강한 모든 걸 복합적으로 가진 나로. 나이가 들어가고 좋은 사람이 되어간다는 건 그것들을 평균적으로 복합적으로 만들어가는 과정이다.

그러니 더 성숙한 사람이 되어간다는 건 더 넓은 인간관계, 많은 사람들에게 좋은 사람이 되는 것이 아니라 내가 나에게 좋은 사람이 되는 것이다. 사실 그렇게 되면 대부분 다른 사람들과도 좋은 관계를 맺을 수 있게 되기도 하고. 혼자라고 너무 관계에 투자하고 애쓰지 않아도 된다. 그럴 시간에 나에게 좀 더 좋은 사람이 되어가자.

7

마음의
주치의 만나기

　　　　　카톡 선물함에 내가 좋아하는 케이크 선물이
들어왔다. 열어보니 H선배다. 무슨 날도 아닌데 선물이 왔다. 메시
지 함에는 "그냥 당신이 생각났어. 어젯밤에 꿈에 나왔길래. 잘 지
내고 있는 거지? 당신이 좋아하는 케이크야. 먹고 힘내"라고 되어
있다. 행복해서 배시시 웃음이 흘러나왔다. 오후 한가한 시간 짬을
내서 카페로 갔다. 케이크와 달달한 커피를 받아 들고, 시집 한 권
을 펼쳐서 널따란 카페 창가에 앉았다. 봄 햇살이 참 좋았다. 어제
있었던 어떤 일 때문에 몹시도 우울한 날이었는데 케이크와 커피
에 그 우울함이 스르르 녹아내렸다. 언제나 케이크와 커피는 진리
다. 그걸 선물해 준 사람은 더더욱 고맙고.

　　　　　H선배는 내가 사회생활을 처음 시작한 곳에서 만났다. 나보다

5살 더 많고 키도 커서인지 언니가 없는 내게는 늘 큰언니 같았다. 언제나 내게 잘해주었고, 같이 일한 기간 5년 이외에는, 15년을 같이 일한 적은 없지만 언제나 잘 지내고 있다. 어려울 때 도움의 손길을 쉽게 내밀어 주며, 내 마음의 이야기를 참 잘 들어준다. 선배는 같은 일을 하고 있는 이이기도 하다. 어쩌면 내 형편을 오랫동안 가장 잘 알고 있으니 언제나 내가 어려울 때 가장 먼저 찾아서 이야기를 나누고 조언을 듣곤 한다. 힘들 때는 그렇게 찾아가 이야기할 선배가 있다는 것이 내게 얼마나 고맙고 큰 힘이 되는지 모른다. H선배 말고도 내가 힘들 때 가서 마음을 터놓을 수 있는 이는 두 명쯤 있다. 그들은 그냥 친구는 아니고, 어떨 때는 5~10회 정도 비용을 지불하고 상담을 받는 나의 슈퍼바이저다. 물론 내가 하는 일에 대한 슈퍼바이저기도 하지만 때로는 내 인생의 여러 갈래 길에서 도움을 주는 고마운 어른들이다.

혼자 살아가면 내가 나의 모든 것에 대해 선택하고, 결정하고, 책임져야 한다. 굳이 '혼자 살아가면'을 붙이지 않더라도 어른이 되면 당연히 그렇다. 그런데 혼자 살아가면이라는 말을 굳이 붙이는 것은 일상적으로 나의 감정을 나누거나, 내 고민을 나누면서 의논할 편안한 상대가 부재하기 때문이다. 물론 친구들이 있고, 주변에 지인도 있어 전화를 할 수도 있고, 만나서 수다를 떨 수도 있다.

모임에 나갈 수도 있고, 마음만 먹으면 언제든지 사람들을 만날 수는 있다. 그럼에도 불구하고, 정말 나의 감정이 다운되거나, 어떤 문제로 혼란스러워지거나, 주요한 결정을 내려야 하거나, 어려운 선택을 해야 할 때는 누구에게 이야기를 해야 할지 잘 모르겠다고 느껴지는 때가 있다. 평소에 좋은 관계로 잘 지내던 이들도, 가깝다고 여기며 수다를 떨던 친구도 갑자기 멀게 느껴지면서 '누가 이런 나를 이해하겠어'라는 마음이 들기도 한다. 그럴 때 나는 H선배를 만나거나 또는 슈퍼바이저 선생님들을 만난다.

그들은 내게 특별히 해결책이나 조언을 주지는 않는다. 당연히 답도 주지 않는다. 그저 잘 들어주고, 토닥여주면서, 지금까지의 나를 알고 있으니 거기에 비추어서 충실하게 나를 보도록 도와준다. 그런 몇 번의 만남을 통해 나는 때로 안정을 찾기도 하고, 때로 문제 해결에 대한 힌트를 얻기도 한다. 내가 그들을 만나는 이유는 뭘까? 가만 생각해보면 제일 중요한 건 나의 마음을 잘 들어주는 것이다. 꾸미거나 속이거나 흉내 내지 않고 나의 마음을 보여도 괜찮은, 나를 오픈해도 그것이 그리 창피하거나 흉이라고 느껴지지 않는 만남과 신뢰. 그런 것들이 나로 하여금 특별히 그들과 만나게 한다.

인생의 많은 일들을 겪었고, 또 여러 가지 사건들에 대응할 힘이 생겨가고 있다고, 이쯤은 그냥 넘어갈 수 있다고 스스로 여기게 될 때가 많다. 하지만 나이가 들어도 어려운 일은 계속 생기고, 여전히 어려운 건 어렵다. 누군가에게 기대고 싶기도 하고, 아이처럼 안겨서 울고 싶기도 하고, 처음 낯선 여행지에서 길을 잃은 것 같은 당혹감을 느끼기도 한다. 이런 일들은 나이가 든다고 자연스레 없어지는 것이 아니라 반복되고 익숙해질 뿐인 듯하다.

그렇기에 내 마음을 나눌 상담 선생님이 한 분쯤 우리 인생에 있으면 좋겠다고 생각한다. 마음의 주치의라고 하는 게 좋겠다. 친한 친구를 찾아 수다를 떨 수도 있고, 엄마 품에 안겨서 울 수도 있지만 너무 그렇게 친밀해서 거리가 생기지 않는 이 말고, 적당한 거리 두기가 가능하고 내 마음의 말을 잘 들어주지만 또 내 마음을 어느 정도 객관적 거리에서 주관적인 따뜻한 느낌으로 봐줄 수 있는 주치의. 사람들은 상담을 시작하면 몇 번쯤 받으면 "나아져요?"라고 묻곤 한다. 당장 눈에 띄는 힘겨운 증상들은 생각보다 빨리 나아질 수도 있다. 하지만 마음은 눈에 띄지 않으니까. 내가 기대했던 거보다 빨리 효과가 나타나지 않을 수도 있다. 그리고 더 중요한 건 인생에서 어떤 고비에 어떤 한 가지 문제로 인해 상담을 받았다고 해서 내가 다음에 다시는 그것으로 인해서는 문제가 생기지 않거나 아프지 않거나 하진 않는다는 거다. 난 상담을 받고 내 인생의 비밀 같은 걸 알게 되면, 내 삶의 문제의 원인들을 모두 파헤쳐서, 그것들을 제거하고 나면 나는 정말 더 괜찮은 사람, 문제가 없는 사람이 될 줄 알았다. 짜잔~ 하면서.

아니었다. 인생은 언제나 연속적인 문제투성이고, 난 비슷한 문제로 우왕좌왕하고. 그렇게 반복되는 게 살아가는 일이었다. 그때 내가 존경하고 사랑하는 마음의 주치의인 그들이 내 인생에 없었더라면 어땠을까 하고 생각해본다. 아마 더 많이 방황하고, 더 쉽게 포기하고, 더 성급히 내 마음의 문을 닫으면서 나는 어쩔 수 없는 사람이라고 나를 미워하거나 자책했을 거다. 더 이상 나아지려는 노력도 하지 않았을 거고, 희망을 가지고 살려는 노력도 게을리했을 것이다. 그래서 내가 삶을 살아가는 데 나를 지탱해준 여러 요인들이 있겠지만 그들 내 마음의 주치의들은 언제나 내게 고마운 분들이며, 없어서는 안 되는 분들이다.

오늘 싱글로 살아가는 여러분들에게 마음의 주치의를 만나기를 권한다. 가능하면 전문적인 상담사로 당신의 마음을 만져줄 수 있는 사람이면 좋겠다. 적당한 거리에서 객관적이지만 따뜻한 눈으로, 당신 삶의 피로한 이야기를 들어주면서도, 당신이 스스로 일어설 수 있게끔 든든히 지지해주는 역할을 할 수 있는, 그런 마음의 주치의가 있으면 좋겠다. 당신의 온 삶의 히스토리를 알지 못한다 하더라도, 그저 지금 있는 그대로의 당신을 만난 그 순간부터 응원해주며 들어주며 당신 마음의 아픈 부분에 연고를 발라줄 수 있는 그런 이가 당신 삶에 존재한다면 당신은 훨씬 더 든든하고, 훨씬 더 안심할 수 있을 것이다.

결국 외로움이라는 감정은
내가 나를 만나주지 않아서 생기는 감정인 것이다.
내 속에서 내가 힘들다고 말하고 있는데,
내 속에 있는 내가 나를 봐달라고 말하고 있는데,
그걸 무시한 채 계속 다른 누군가와의 만남을 추진하면
내 속에 있는 나는 만족하지 못한다.

——

당신이 지금 혼자라서 우울한 것 같다면,
시나브로 나이 들어감을 받아들이기 어려워서 우울한 것 같다면,
괜찮다. 그럴 수 있다.

그건 상황을 바꿈으로써 나아지는 게 아니다.
나를 받아들이는 태도를 변화시킴으로써 서서히 나아질 수 있다.

Chapter 5

진짜로
독립한 삶을 살아가기

1

평생 할 수 있는 일
개발하기

2포 세대, 3포 세대라던 청년 세대를 일컫던 말은 'N포 세대'라는 말을 낳으며, 더 이상 청년들은 그들 스스로에게 희망 따위는 없는 세대라고 이야기하고 있다. 마음에 드는 좋은 직장 구하기가 얼마나 하늘의 별 따기인지 실제로 취업전선에 뛰어든 이들이 아니면 그 마음을 다 알지 못할 거 같다. 나는 그런 세대는 아니긴 하지만, 얼마 전 몇 가지 이유 때문에 반강제적으로 약간 쉬는 시간을 가진 뒤 새로운 일을 찾아야만 했다. 그 막막함에서 아, 청년들이 느끼는 취업전선에서의 고통이 이런 것이겠구나 하는 것이 느껴졌다. 처음 취업전선에 선 이들과 똑같을 수는 없겠지만 그 막막함이란 참 두려운 것이었다. 홀로 산다는 건 그런 막막함을 견뎌내야 하는 일일 것이다.

특히 여성들의 경우를 생각해보자. 어렵사리 취업에 성공하더라도 공무원 정도의 정규직이 아니면 나이가 들수록 승진에서 늦어진다. 결혼을 하면 한 대로, 하지 않았으면 하지 않은 대로 눈치를 볼 수밖에 없게 된다. 육아휴직이라도 쓸라치면 육아휴직 이후에 돌아왔을 때 내 자리가 그대로 남아 있을지에 대한 불안에 휩싸이기 마련이다. 싱글로 살면서 직장생활을 하게 될 때 높은 직급으로 승진하지 못하면, 결국 30대 후반쯤 가서는 어떡하나 하는 고민을 하며 눈치를 보게 된다. 가만 생각해보면 여성들의 경우, 직장생활을 시작하면서부터 결혼을 전후로 하여 삶의 계획을 세우는 경우가 많다. 멀쩡하게 직장생활 잘하고 있는 이라 하더라도 결혼 이후에는 어떻게 될지 모르니 결혼 전까지 열심히 일하고 결혼자금을 모으자고 허리띠를 졸라매기도 한다.

지금 30대 중반에서 40대 초반 여성들만 하더라도 학창시절에는 남학생들과 비교해서 뒤지지 않게 공부했다. 오히려 남학생들은 내신에서 도저히 여학생들을 따라갈 수 없다고 푸념하기도 했고, 고등학교, 대학교 모두 공정하게 경쟁해서 입학했다. 그렇게 해서 개인이 갖게 되는 직업은 생계수단 이상의 의미가 있다. 직업을 가지고 사회생활을 한다는 건 상당한 정도로 내 삶의 가치와 의미를 갖게 해주는 무엇이다. 그런데 사회는 아직도 여전히 여성에게 박하다. 많이 누그러졌다 하나 실제 현장에서 여성이 체험하는 온도는 아직 멀었다. 결혼을 한 사람이든 그렇지 않은 사람이든. 워낙 끝없는 경쟁에 내몰린 사회이니 여성에게든 남성에게든 어렵긴 마찬가지일 것이다. 하지만 특히 여성들에게는 보이지 않는 벽들이 도처에 존재한다. 그래서 '취집'이라는 말이 생겨났는지도 모른다. 결혼해서 아이 낳고 키우면서 육아에 매달리고 살림하는 것을 전업으로 한다는 말이다. 어떤 이들에게는 반가운 말일 수도 있고, 또 하고 싶은 일일 수도 있다. 그것을 말리고 싶은 마음은 없으나 적어도 도망치듯이, 나의 경제적 안정을 위해서, 사람들이 우스갯소리로 하는 평생직장이라는 가정을 만들기 위해서 결혼을 선택하지는 않았으면 한다. 그것은 나의 정직한 욕망을 포기하는 일이 될 테니 말이다.

나는 3년 전에 매달 월급이 나오는 일을 그만뒀다. 그것은 내 욕망에 솔직해지고 싶었기 때문이었다. 계속 거기에 있는다는 건 내가 따르고 싶지 않아도 따라야 하는 많은 룰과 업무를 계속해야 한다는 것이었다. 내가 하고 싶어도 제대로 마음대로 할 수 있는 일이 많지 않다는 것을 받아들여야 하는 것이었다. 내가 무엇을 위해서 이곳에서 이 일을 하고 있을까를 물었을 때, 안정성이 내게 가장 큰 이유가 되어버린 듯한 느낌이 드는 순간, 나는 사임할 생각을 했다. 내가 좋아하는 상담으로 살아야겠다는 원대한 계획을 세우고 안정적인 자리를 박차고 나와서 무모하게도 플랫폼이 완전히 다른 세계로 옮겨와 버렸다. 매우 어렵다. 이상은 이상이고 현실은 현실이며, 깨달아지는 한 가지는 아무리 내가 하고 싶다고 우긴다고 해서 모두 다 할 수 있는 게 아니라는 것이다.

그럼에도 불구하고 나는 내 상담소를 만들었고, 잘 살아남기 위해서 고군분투하고 있다. 그 상담소를 시작으로 해서 내가 꿈꾸고 소망했던 나의 작은 교회를 꾸려갈 꿈을 여전히 꾸고 있다. 결국 내가 하고 싶었던 일, 목회와 상담이라는 두 가지 모두를 아직 이루진 못했으나 그것을 향해서 좌충우돌 불안불안하고 결말이 어떻게 될지 모르지만 한 발짝씩 내딛고 있다. 내가 결혼을 한 상태였다면 어땠을까? 어떤 면에서는 좀 더 쉬웠을 수도 있고, 어떤 면에서는 더 어려웠을 수도 있을 것이다. 나는 내가 싱글이기 때문에 이런 결단을 좀 더 과감하게 할 수 있었으리라 여긴다. 싱글이기에 가장 큰 우군일지도 모르는 (그럴 수도 있고 아닐 수도 있지 않을까?) 남편의 도움을 받지는 못했지만, 싱글이기에 이런 결단을 할 수도 있었다. 내 인생의 욕망에 충실했고, 그것을 따라가고자 하는 발걸음을 실천에 옮기는 데에 걸릴 것이 없었다. 속된 말로 혼자 실패하면 그뿐이므로.

상담소도 일종의 자영업이기에 블로그나 SNS 마케팅 활용 등에 대해서 요즘은 열심히 찾아보고 공부하게 된다. 재미있다. 그런데 거기서 보는 많은 여성들의 삶에 도전을 받기도 한다. 경력단절인 기혼녀, 지금은 직장에 다니고 있지만 적성에 맞지도 않고 몇년 후에 어찌 될지도 모르기에 지금이라도 하고 싶은 일을 찾는다는 30대 중반 이후 여성들, 직장인이지만 오랫동안 자신이 꾸었던 꿈을 위해 지금 뭔가를 새로 배우고 시작하고 시도하고 있다는 이들 등등 세상은 내가 봐오고 생각했던 것보다 훨씬 더 다양하고 빠른 모습으로 치열하게 움직이고 있었다. 그들의 공통점은 지금의 일상에 만족하든 그렇지 않든, 지금 하고 있는 일로 만족하든 그렇지 않든, 끊임없이 자기가 무엇을 하고 싶었는지, 어떤 삶을 꿈꾸었는지를 물어보고 그에 대한 대답을 찾고 실행해가는 여정에 있다는 것이었다. 나이와 결혼의 여부에 상관없이 말이다.

여성이 자신의 일을 갖는다는 것은 당연한 일이다. 기왕이면 평생 동안 가슴 뛰며 할 수 있는 일을 만들어가는 것이 좋지 않겠는가? 당장 생각해보자. 나에게 가슴 뛰는 일이 무엇인지. 그리고 냉철하게 고민해보자. 그 일을 남은 생 동안 하기 위해서 무엇을 준비해야 하는지. 목표를 향해서 달려가야만 인생이 의미 있는 것은 아니나, 평생 가슴 뛰는 일을 하면서 살 수 있다면, 그것이 직장

이라는 조직과 연결되지 않아도 괜찮을 수 있다면, 너무너무 멋있
겠다.

2

'내 집 갖기',
주거에 대한 나만의 로드맵

나는 20대 중반에 서울에서 대학원 공부를 시작하면서 처음으로 부모님과 떨어져 지냈다. 대학원이지만 학교 기숙사에 있을 수 있었다. 3년 뒤, 집을 얻어야 했다. 부모님이 넉넉한 형편이 아니었던 데다가 나도 공부만 했으니 돈이 있을 리 없었다. 20년 전쯤인데 그 당시 은행에서 대출을 받아 1,500만 원짜리 전세를 얻었다. 학교 밑에 있는 연립이었는데, 집 세 칸이 다닥다닥 붙어 있었다. 지금 말로 하면 원룸이긴 한데, 조그만 방이었다. 가구도 새로 사지 않고, 선배들이 쓰던 것들을 받았다. 세탁기며 냉장고도 누가 기증해 주었고, TV도 받았다. 당시 서른을 바라보는 나이였으니 남들은 결혼을 하던 때였는데 난 처음 자취라는 걸 시작했다. 꽤 재미있었다. 여전히 친구들은 내가 없어도 자기들 아지트처럼 드나들었고, 퇴근하는 나를 위해서 가끔은 저녁을 지어놓기도 했었다. 그렇게 2년을 보내고는 친한 친구와 함께 5년을 살았다. 방 두 칸에 거실도 널찍한 꽤 괜찮은 집이었다. 전세였는데 친구가 돈을 많이 냈고, 나는 낼 수 있는 만큼 냈다. 그리고 그 뒤로 몇 번의 이사를 더 거쳤다. 나 혼자 몸이었고, 단출해서였는지 그리 크게 불편하지 않았다.

이사를 할 때마다 서울에서 얻을 수 있는 집은 점점 더 멀어져 갔다. 집을 산다는 건 언감생심 꿈도 꾸지 못했지만, 전세도 가파르게 올라서 쉬 따라잡을 수가 없었다. 게다가 공부는 오래 많이 했지만 수입은 참 초라한 직업이었으니 서울살이가 쉽지 않았다. 서울에서 살다가 경기도 쪽으로 옮겨오면서 집 문제는 해결이 되었다. 해결이 되었다니 집을 샀다고 오해할 수도 있으나, 그건 아니다. 집을 제공해주는 직장에서 일하게 되어서 집 문제는 해결되었다. 비록 30년쯤 된 낡고 좁은 빌라였으나 깨끗하고 아늑하여서 강아지 두 마리와 함께 사는 데는 전혀 지장이 없었다. 그러고 나서 다시 내 집을 내 돈으로 구해야 하는 상황이 됐다. 남들은 집을 산다 어쩐다 하고 있는데 나는 그냥 괜찮은 전세를 구하는 것만으로도 감지덕지해야 했다. 그리고 지금 살고 있는 집을 얻었다. 오래된 아파트이고 전세도 아니고 보증부 월세이지만 난 이 집이 마음에 든다. 내 많은 책을 큰방에 잘 보관할 수 있고, 그새 아버지가 돌아가시고 홀로 되신 엄마 방도 따로 드릴 수 있고, 무엇보다 해가 너무 잘 든다. 거실에 앉아서 해가 비치는 바닥에 공을 던지면, 강아지 세 마리가 후다닥 뛰어가서 서로 공을 잡겠다고 난리가 난다. 그 모습을 보고 있는 게 그렇게 행복할 수가 없다.

그러면서 집에 대해 다시 생각하게 된다. 생각해보면 어릴 때 넉넉지 않았던 우리 집은 네 식구가 살기엔 좁았다. 새벽에 잠에서 깨서 연탄을 갈아 끼우던 엄마가 어렴풋이 생각나기도 한다. 그래도 별로 불편하다고 생각해본 적이 없었다. 기숙사에 있을 때도, 채 대여섯 평이 되지 않는 집에서 자취를 시작할 때도 별로 불편하지 않았다. 괜찮았다. 그런데 집 때문에 마음이 불편해지기 시작했던 건 언제였을까? 서울에서 천정부지로 솟는 전셋집을 구하러 다니며, 그때쯤 서울 괜찮은 지역 어디에 자가로 아파트를 가지고 있던 친구가 재산세가 너무 많이 나왔다며 투덜대는 이야기를 들었을 때 불편했다. 강아지 키우면 안 된다는 말을 듣던 때, '여자 혼자 사는데 이렇게 큰 집이 필요해요?'라며 되레 묻던 주인을 만났던 때. (그냥 방 두 칸에 조그만 거실이 있는 집이었는데) 그런 때였다. 그 때는 나도 집이 있었으면 좋겠다는 생각을 했다.

정말 집은 꼭 소유해야만 하는 걸까? 어느 기사에선가 읽었는데 30대 한국인의 40%가 자기 소득의 40%를 집을 사면서 받은 대출을 갚는 데 사용하고 있다고 했다. 소득의 40%면 절반 가까운 건데, 그걸 집 대출 갚는 데 쓰고 나면 도대체 뭘 가지고 살지?라는 생각이 들었다. 편하고 즐겁고 행복하기 위해서 내 집을 무리해서 대출받아 샀는데, 사고 나서 보니 그 대출금 갚느라 현재의 내 삶이 쪼들리고 피폐해져 간다면 그건 무슨 의미가 있나 싶었다. 이건 닭이 먼저냐, 달걀이 먼저냐 하는 논리와 비슷하다. 집이 있어야 안정되고 미래를 설계할 수 있어라는 믿음에 모아놓은 현금으로는 금금수저가 아닌 이상 집을 장만할 수 없으니 무리하게 대출을 받아 집을 장만했더니, 이제는 그 대출금 받느라 허리띠 졸라매고 살아야 하는 악순환의 아이러니에 부닥친 것이다. 그래도 그나마 어쨌든 마음을 먹고 대출이라도 받고 청약 당첨되어서 집이라도 장만할 수 있는 건 부양가족이 있는 가구주들에게나 해당된다.

노년으로 접어들기 전 싱글은 정부가 제공하는 주택정책 중에 도대체가 해당되는 사항이 없다. 대출도 웬만해서는 어렵다. 하긴 독신세를 내라고 하는 형국에 주택 문제가 얼마나 심각한 문제인데 싱글들을 위해서 정부에서 그런 대책까지 마련해주랴 싶기는 하다. 싱글들의 주거에 대한 대책은 이제 정부에서 심각하게 고려해야 하는 문제 중 하나일 거다. 정책적 대안이 있어야 한다. 하지만 그건 그거대로이고. 나는 다시 한번 생각하게 된다. 집이란 무엇일까? 한국인들에게 집이란 재산증식의 주요한 수단이다. 하나마나한 이야기이기는 하나 집은 재산증식의 수단이 아닌, 인간의 기본 생존요건 중 하나인 의식주에서 주를 해결하는 주요한 수단이다. 그건 삶의 필수품 같은 것이지 목표는 아니라는 이야기다. 없는 돈에 전세 구하러 옮겨 다니면서 나도 집이 있었으면 하는 생각을 한다. 그러나 지금 내 나이와 벌이와 이런 것들을 생각했을 때, 현실적으로 앞으로도 난 내가 집을 장만할 수 없으리라고 생각한다. 그러면 대안은? 꼭 내 집이 아니어도 된다는 쪽으로 생각의 방향을 트는 것이다. 전세금을 올려달라고 할 수도 있고, 여러 가지 불안한 상황이 생길 수도 있다. 그러나 인생이 언제 예측하고 계획한 대로만 흘러가는가. 어쩌면 운이 좋으면 한 군데 전셋집에서 10년쯤 지낼 수도 있을지도 모른다. 그렇게 정 붙이고 살면 내 집이지 않겠는가? 집 장만을 위한 재테크 정보는 수없이 많다. 난 개인적으로 그런 것에 별로 관심을 갖지 않는 편이다. 왜냐면 그것이 내 인생에서 주요한 우선순위가 아니기 때문이다.

많은 싱글 여성들은 막연하게 산다. '나도 집을 장만하면 좋겠어.'라고 생각하고 목표가 생긴다면 그것을 위해서 많은 정보를 모으고, 재테크 계획도 세워야 한다. 편안한 노후를 위해서 '내 집 장만'이 정말 필수불가결한 요소라고 생각한다면 그렇게 해야 한다. 그러나 그것을 위해서 지금 당장 감내하고 희생해야 할 것들의 비용이 너무 크다면, 그건 고려해볼 일이어야 한다. 미래를 위해 어느 정도 현재의 불편과 어려움을 감내하며 준비하는 건 당연하겠으나 그것의 임계점은 개인마다 다르니 개인이 정할 일이다.

지난 반세기 동안 한국사회의 변화를 살펴본다면, 난 이삼십 년 후 내가 원숙한 노년이라고 접어들었을 때 그때에는 지금 상상도 못한 또 다른 변화의 시기에 서 있으리라 생각한다. 그때가 되면 주거의 개념도 상당히 달라져 있지 않을까? 반드시 나 혼자 사는 자가의 집을 갖는 것만이 나를 행복하게 해주지는 않을 거다. 요즘 땅콩집이 유행하듯, 같이 살지만 같이 살지 않는 주거의 형태도 있을 수 있고, 공동체의 형태도 있을 수 있고, 꼭 서울이 아닌 지방 소도시 등에서 누리는 삶도 있을 수 있다. 대안은 얼마든지 있을 수 있다. 지금 현재의 시선에서 바라보아서 서울 안에서 내 집을 장만하는 것이 가장 안전하다고만 생각한다면 어쩔 수 없다. 그것을 위해서 기꺼이 지금 희생하고 감내해야 하는 것들을 살피고 고려해서 우선순위를 정하고 그렇게 살아야 한다. 하지만 다른 대안이 있을 수도 있다는 것, 그 대안은 사회에서 만들어줄 수도 있겠지만, 사회에서 만들어주도록 내가 나설 수도 있다. 언제나 작은 개인의 힘은 합쳐서 큰 변화를 만들어내는 법이기 때문이다. 혼자서 산다는 건 자유롭다는 것이다. 그리고 그 자유로움에는 언제나 책임이 따른다. 주거에 대한 로드맵. 남들이 그리지 않는 로드맵을 그려보라. 언제나 모든 사람에게 안전성만이 최고의 가치는 아니다. 혼자 사는 사람에게 책임이 따른다는 건, 변화에 열려 있다는 것이고, 그것은 자기만의 확고한 인생가치와 목표를 세운다는 것이다. 주거에 따른 로드맵도 거기에서 나온다면, 내 집 장만을 위해 허리띠를 졸라매며 재테크를 실천하는 삶도, 느긋하게 전세나 월세로 옮겨 살아도 내 삶에 의미가 부여된다면 오케이라고 말할 수 있는 삶도 괜찮겠다.

3

혼자 사는데
왜 돈을 못 모아?

친구가 말했다. "넌 혼자니까 돈 좀 모았을 거 아냐." 그 친구의 말에 그냥 대충 얼버무리고 웃고 말았다. 그러게. 혼자니까 돈을 좀 모았어야 하는 게 맞는 말인 거 같은데 왜 내 통장은 늘 더 이상 뭔가가 늘어나지 않는지 모를 일이다. 집도 구하고, 박사까지 공부하면서 낸 학비도 있으니, 굳이 돈을 모으지 못한 이유를 대라면 이유야 있다. 어쨌거나 내 통장은 노후를 생각할 수 있을 만큼 넉넉지 않다. 그 넉넉함의 기준이 사람마다 다르긴 할 터이나, 사람들은 보통 혼자 산다고 하면 돈을 잘 모을 수 있을 거라고 여기나 보다. 물론 혼자 벌어서 세 식구나 네 식구가 사는 것보다, 혼자 벌어서 혼자 살면 상대적으로 수입이 많은 건 사실이다. 하지만 아무리 그래 보여도 문제는 결국 관리다. 어떻게 쓰고 어떻게 모으느냐 하는.

나는 재테크에 그다지 관심이 많지 않았다. 관심이 많지 않았다기보다 재테크라는 것이 너무 먼 남의 나라 이야기처럼 들렸다. 사실 한 달 벌면 한 달 살기 딱 맞는 만큼, 어떡하면 마이너스가 되지 않을까 하는 것이 고민이었기에 재테크라는 말은 내 사전에 별로 실용성이 없는 단어였다. 하지만 점차 조금씩, 조금씩 나이가 더 들어가면서 느끼게 되는 건, 그래도 한 살이라도 젊을 때 돈을 관리하고 모으는 것에 대해 관심을 좀 더 가졌어야 했다는, 연습을 했어야 했다는 생각이다. 아무리 적은 액수여도 뭔가 계획적으로 아끼고 모으고 투자한 친구들은 같은 수입이었어도 사회생활 시작한 지 그래도 10년 이상 된 시점에서 뭔가 나보다는 나아 보인다. 그래서 혼자 살 거라고 말하는 후배들에게 요즘 해주는 가장 실질적인 조언은 경제 관리를 어떻게 할 것인가에 대해 자기 나름의 노하우를 만들라는 것이다.

특히 여성 나이가 40대가 되어가면 어지간한 전문직이거나 회사에서 대단한 실력을 인정받아 꼭 남아달라고 하지 않는 이상, 직장을 계속 다니면서 점점 더 많은 수입을 올리기는 쉽지 않다. 주변에는 40대에 직장을 그만두고 다음 직장을 찾으려고 했지만 생각보다 쉽게 직장을 찾을 수 없어서 절망하고 당황하는 이들이 많다. 그나마 그때까지 모아놓은 것으로 1년 정도는 버텨보자고 생각하고 지내기도 하지만 그것도 쉽지 않다. 특히 수도권에 거주하면서 자가를 소유하고 있지 않다면 주거 문제도 만만치 않을뿐더러, 이미 그 정도 나이면 매달 나가는 고정비용도 만만치 않다. 단지 아껴서 해결되지 않는다는 뜻이다. 노동유연성이니 뭐니 하면서 평생직장은 사라지고, 어느 순간 수입은 더 이상 오르지 않을뿐 아니라 줄어들기 시작하는데, 씀씀이는 줄여지지 않는 때가 곧 다가온다. 그러므로 사회생활을 시작하자마자 내 인생에 대한 경제적 타임라인과 계획표를 세우는 건 너무 중요한 일이다.

나는 어떤 일이든 모든 사람에게 일률적으로 적용되는 법칙 같은 게 있다고는 생각지 않는다. 그래서 자신의 경제를 운영하는 데도 이게 옳다, 저게 옳다고 단정적으로 추천하기 쉽지 않다고 생각한다. 계속 이야기하지만 혼자 사는 삶에 제일 중요한 건 본인이 찾아보고, 비교해보고, 결정하고, 본인이 책임지는 삶의 자세를 가져야 한다는 것이다. 개인의 성향에 따라 약간의 리스크를 감수하고서라도 조금 더 수익률이 좋은 투자를 원하는 이들도 있을 것이고, 리스크를 최소화하면서 또박또박 통장에 돈을 모아놓는 안정성을 선호하는 이들도 있을 것이다. 주식이나 펀드 같은 것들을 공부해서 재산을 증식시켜 보려고 하는 이들도 있을 것이고 이에 대한 수많은 관련 자료도 봇물처럼 나오고 있다. 무엇보다 자기 집을 가지는 것이 최고라거나, 부동산만큼 안전한 투자처는 없다고 생각해서 경매나 부동산 투자 같은 것에 관심을 보이거나 투자를 시도해볼 수도 있을 것이다. 뭐가 더 좋은 것이라고 딱 꼬집어서 이야기하기는 어렵고, 내게는 그만큼의 지식도 없다. 단지 제안하고 싶은 것은 본인이 어떤 성향인지를 파악하고, 재정을 키워가고자 하는 이유와 목표가 어디에 있는지를 확인하는 것이 필요할 것이다. 그것을 위한 타임라인을 작성하고, 처음에는 그것을 전문적으로 도와줄 사람을 만나서 도움을 받는 것이 필요하고 그렇게 해야 한다.

　'그냥 노후에 쓸 만큼 자금이 있었으면 좋겠어,' '많지는 않아도 되지만 걱정하지 않을 만큼의 돈이 있었으면 좋겠어.' '국민연금 잘 내고 있는데 그걸로 어떻게 되겠지.' 이런 종류의 막연한 생각으로는 절대 경제력 있는 내 노후를 준비할 수 없다. 꼭 결혼하지 않아도 된다. 그런데 혼자 살겠다고 결심했고, 실천하려면 첫째도 경제력, 둘째도 경제력이 가장 먼저 준비되어야 한다고 많은 사람들이 말한다. 맞는 말이다. 어쨌든 오늘 자본주의사회에서 경제력은 매우 중요하다. 물론 그것은 개인만의 문제는 아니고, 사회의 전반적인 복지시스템, 임금구조, 노동시장 등의 문제가 어우러져 형성되고 있고, 또 해결되어 가야 할 문제이긴 하다. 하지만 그 논의는 구조적이고 거시적인 관점으로 논해야 하는 것이고, 개인은 어 쨌든 개인으로서 할 수 있는 것들이 무엇인지를 살펴야 한다.

　불과 2000년대까지도 여성에게 결혼은 평생직장이라는 개념 이 있었고, 결혼 자체가 여성에게 복지시스템이라고 여겨지기도 했다. 하지만 이제는 다른 시대에 도달했다는 것을 굳이 입 아프게 말하지 않아도 된다. 여성 역시 남성과 동일하게 사회를 구성하는 일원이고, 자신의 노동의 대가로 자신의 경제적 공간을 만들어갈 권리가 있다. 그러므로 현명하게 야무지게 지혜롭게 잘 해야 한다. 그저 아끼고 절약하는 것을 넘어서서 보다 적극적으로 나의 앞으 로 10년, 20년, 30년 뒤 삶을 그리면서 구체적인 목표로 재정계획 을 준비하고 그것을 위해서 지금부터 어떤 것들을 실천해야 하는 지 전문가들의 코칭을 받고, 실천해야 한다. 요즘은 그런 코칭을 받 는 것도 별로 어렵지 않고, 도움을 주는 많은 전문서적들도 있으니 열심히 찾고 공부하고 실천하고 책임지면서 당당한 나의 삶의 주 인이 되어가자! 그것이 진정으로 독립한 어른의 삶이다.

4

쉽지만 어려운
가계부 쓰기

어렸을 때 방학숙제를 한꺼번에 몰아서 해본
기억은 누구나 가지고 있다. 나는 탐구생활 세대라 매번 여름방학,
겨울방학이 끝날 때쯤엔 그 탐구생활을 열심히 다 해가느라 진이
빠졌다. 탐구생활과 더불어 꼭 해야 하는 숙제가 있었으니 일기 쓰
기였다. 글도 꽤 잘 쓰고, 글 쓰는 것도 좋아했는데 왜 그렇게 일기
쓰기는 잘 안 되었는지. 방학이 끝나갈 때쯤이면 어떨 때는 친구들
과 모여 앉아 일기를 쓰기도 했다. 그 날 날씨가 어땠는지, 서로의
경험을 바꿔가면서까지 말이다. 어른이 되어서도 일기를 쓰는 건
잘 지켜지지 않았다. 이래저래 혼자 글을 쓰거나 뭘 끄적이거나 하
는 건 자주 했지만 일기를 쓰는 건 어려웠다. 변명 같으나 뭔가를
매일매일 반복해서 루틴하게 해나가는 것이 내게는 매우 힘든 일
이었다. (물론 힘들지 않은 사람들도 있다. 힘들지 않은 사람들은

대개 굉장한 모범생이거나, 성격적으로 약간의 강박적 성향이 있는 경우가 많다.) 그런데 사회생활을 하고 내가 직접 생활비를 벌면서부터 매일매일 하기 어려운 일이 또 하나 생겼으니 그건 가계부 쓰기였다.

사실 처음엔 가계부를 쓰고 말고 할 것도 없다고 생각했다. 버는 건 쥐꼬리만큼 일정한데, 나가는 건 늘 그 이상인 거처럼 느껴졌고, 실제로 그럴 때도 많았다. 뭔가 쌓이는 느낌이 들어야 가계부를 쓰는 것도 재미가 날 텐데, 언제나 제로게임에 맞닥뜨리니 가계부를 쓸 생각이 도통 들지 않았다. 그리고 워낙에 난 숫자와도 거리가 먼 사람인 데다가, 매일매일 뭔가를 하는 것도 힘겨워하는데 가계부까지 보태고 싶지 않았다. 사실 들어오고 나가는 돈이 너무 뻔하기 때문이기도 했다. 그렇게 사회 초년생 시절이 지나고, 그래도 처음보단 약간 수입이 더 생겼고, 머리로 이리저리 상상을 해보면 그래도 뭔가 저축이 되는 부분이 생겼다. 그래서 이 달 말에는 얼마라도 모였겠거니 하고 돌아보면, 통장은 정말 내 월급의 정거장일 뿐이었다. 카드 값, 보험료, 공과금, 통신비, 집세 이런 것들이 번개보다 빠르게 빠져나갔고, 통장은 있으나마나. 허무했다. 도대체 왜 이런 걸까?

엄마는 저녁마다 가계부를 꼭 쓰곤 하셨다. 정말 백 원, 이백 원까지. 수입이 넉넉지 않았었는데, 그런데 아주 궁핍하지 않았다. 필요한 건 샀고, 밥 잘 먹고, 옷 잘 입고 다녔다. 지금 생각해보면 엄마의 가계부 때문이 아니었나 싶다. 그때 어른들이 다 그렇게 사셨을 것이고, 우리 엄마가 유별나게 재테크를 해서 집을 사고팔고 넓혀가는 재주가 있는 분도 아니었으니 빤한 아버지 월급에 자식 둘 공부시키기도 쉽지 않았을 것이다. 그래도 결국 그 일을 다 해내셨다. 자식 둘 대학까지 공부 다 시켜주셨으면 그것으로 외형적인 부모의 역할은 충분히 수행했다고 생각하는 편이기에 난 엄마가 존경스러웠다. 어떻게 했을까? 마법을 부린 것도 아닐 텐데. 물어본 적은 없다. 물어봐도 그냥 절약하고 아끼고 살았다고 하셨을 거다. 난 그게 가계부의 힘이지 않았을까 생각한다. 숫자가 눈에 보인다는 건, 내가 뭘 하고 있고, 어떤 것에 우선순위를 두고 있고, 어떤 계획을 세우고 있다는 것에 대한 정보를 알려주는 것이다. 그게 아무것도 아닌 정보 같아도 결국엔 한 가정의 경제를 꾸려오게 하는 기준 같은 게 된 것이 아닐까 싶다.

난 그 소소한 기준의 힘을 믿지 않았다. 워낙 어려서부터도 돈이 생기면 갖고 싶은 걸 먼저 사야 했다. 뒤에 며칠 동안 돈이 부족해서 고생할 것에 대한 걱정보다 갖고 싶은 것에 대한 욕망이 나를 더 강력하게 이끌어갔다. 어떻게든 되겠지 하는 마음도 있었다. 그런데 내가 혼자 벌어서 내 생활을 감당하고 내 미래를 준비해야 하는 시점이 되니 그렇게 살아선 안 됐다. 모이긴커녕 빚쟁이가 되는 건 한순간이겠다 싶은 때가 왔다. 그렇다고 내가 뭘 특별한 사치를 한 것도 아니고 뭘 많이 구매한 것도 아니고 막 적금을 월급의 절반씩 넣는 것도 아니었다. 그런데 돈은 모이지 않고 마이너스는 높아져갔다. 정신을 차려야 했다. 그때 선택한 것이 가계부 쓰기와 신용카드 버리기였다.

나는 딱히 재테크에 관심 있는 사람이 아니라 그쪽 정보에 대해서는 아는 바가 별로 없었다. 그러다 어찌어찌하여 개인 재정을 설계해주는 일을 해주는 분을 만났다. 정식으로 비용을 내고 설계를 받았다기보다 그저 팁을 얻는 정도였는데 그의 말 중에서 제일 쉬워 보였지만 제일 실천하기 어려운 게 가계부 쓰기였다. 나처럼 늘 머릿속에서 뭔가를 그리기만 하는 사람은(난 성향적으로 구체성이 떨어지는 매우 이상주의자이다. 그리고 숫자 포비아이다.) 정확한 숫자로 표시되어서 내 눈에 띄지 않는 이상 뭐가 들어왔고, 뭐가 나갔는지를 평생 가도 알 수 없을 거라는 충고였다. 일리가 있었다. 아무리 작은 수입이라도 그걸로 생활하고 있는데, 그 수입의 들고 남에 대해서조차 계획과 통제가 없다는 건 나의 삶에 대한 가장 큰 무책임이라는 생각이 들었다. 아무리 들고 남이 뻔해도, 기록할 게 몇 개 없다 해도 숫자로 증명하자. 드러내보자. 내 눈으로 확인하자는 다짐을 하고 가계부를 쓰기 시작했다. 그런데 문제는 신용카드였다. 특히 무이자 할부 몇 개월 해서 혹하고 사용한 금액에 대해서는 이게 빚인지, 이번 달에 쓴 금액인지 뭔지 무지하게 헷갈리기 시작했다. 안 그래도 숫자 포비아인 내가 이걸 막 나눠서 정리를 하기는 너무 어려웠다. '그래, 그럼 신용카드를 안 쓰면 되지 뭐. 내가 한 달에 몇 백만 원을 쓰는 것도 아니고, 체크카드 쓰면 되지 뭐'라고 심플하게 생각했다. 신용카드는 들고 다니질 않았다. 그냥 체크카드 한 장 들고 다녔다.

가끔 백화점에서 하는 나의 충동구매 목록 중에는 구두가 있다. 어느 날은 당연히 돈이 남은 줄 알고 구두를 신어보고 맞춤주문까지 하고 체크카드를 내밀었는데 돈이 부족했다. 살짝 고민하다가 그냥 미안하다고 하고는 나왔다. 그날 신용카드가 내 손에 있었다면 구두를 샀겠지만 신용카드는 없었고, 체크카드에 남은 잔고는 부족했다. 물론 그걸 미리 체크하지 못했던 한심함도 있으나 그렇게 서서히 나의 소비하는 방식은 변화해갔다. 체크카드를 쓰니 또 하나 장점은 굳이 가계부를 따로 쓰지 않아도 그것 자체가 하나의 가계부가 되기도 했다. 공과금, 집세, 보험 등 정기적으로 나가야 하는 통장 하나, 생활비로 쓰는 통장 하나. 체크카드는 생활비 통장으로만 사용하는 것. 그것이 내가 할 수 있는 최선이었다. 그보다 더 꼼꼼하게 뭔가를 나눠서 더 계획적으로 한다는 건 내게 불가능한 일이었다. 난 그 정도에서 만족하기로 했다. 그렇게 생활하고 나서 내가 많은 돈을 모았을까? 절대 'no'다. 돈을 많이 모았으면 하고 생각은 늘 했지만, 난 내 인생에서 딱히 돈을 모을 일은 없을 거라는 걸 안다. 내가 하고 있는 일이 그렇다. 그래서 배운 건 그렇기 때문에 더 정성껏 가계부를 쓰고, 수입과 지출에 대해 계획과 통제가 필요하다는 것을 절실히 느낀다.

많은 수입이든 적은 수입이든 수입 이상 쓰고 살 수는 없는 일이니, 거기에 대해 계획을 하고 통제를 한다는 것이 어른으로 내 삶을 책임지는 가장 기본이라 생각했다. 더 이상 부모에게 손 벌리지 않는 것, 누군가에게 가능하면 아쉬운 소리 하지 않는 것, 물론 살다 보면 예상치 못한 여러 가지 일들이 있을 수 있다. 그런 예외적인 순간에는 그 순간에 현명한 대처를 하되, 오늘과 이번 달을 살면서는 내 생활의 규모에 대해 책임을 져야 한다. 그것의 가장 기본이 가계부 쓰기라는 걸 우린 이미 수도 없이 들어왔고 중요성도 알고 있을 것이다. 문제는 실천을 하느냐 하지 않느냐 하는 것이지. 아는 것을 어떻게 얼마나 실천하느냐가 결국 내 미래의 10년

을 만들어가는 단초가 되는 것 아니겠는가. 물론 10년 뒤에도 살아
있기만 하다면.

5

나를 위한 선물,
여행은 혼자 하는 여행이 최고다!

어느 해 여름, 친구들과 휴가 계획을 열심히 세웠다. 그런데 뭔가 자꾸 맞지 않았다. 일정을 잡다가 짜증이 났다. 안 되겠다. 혼자 가자! 그날 저녁, 바로 다음 주에 떠날 5박 6일 제주도 티켓을 끊었다. 비행기 티켓과 첫날 머무를 숙소, 렌터카 하나 딱 예약했다. 조그만 캐리어 하나 끌고 느닷없이 제주도에 도착했다. 혼자 재밌게 잘 돌아다녔다. 하루 종일 사려니 숲길을 걷고, 우도도 가고, 섭지코지 근처 호텔에서 약간 늦게 일어났다. 점심을 먹고, 책을 한 권 읽고는 약간 오후에 섭지코지로 나섰다. 혼자 신나게 걷고, 셀카봉으로 사진도 찍고, 다른 사람들에게 사진도 찍어 달라고 촌스럽게 부탁도 하며 섭지코지 길을 걸었다. 한여름이라 해가 길 줄 알았는데 금세 어두워졌다. 관광객들도 점점 사라지고, 서둘러 내려왔다. 그런데 내려와서 보니 내가 차를 주차한 곳이 아니었다. 완전히 반대로 내려온 것이다. 섭지코지 옛날 주차장이었다. 사람도 별로 없었다. 앱을 켜 봤더니 반대편으로 가려면 1시간 반 이상 걸어야 했다. 아뿔싸! 해는 지고 잠시 망설였다. 경찰을 불러야 하나 고민하다가, 카카오 택시를 불렀다. (그때만 해도 카카오 택시가 그렇게 유명하던 때가 아니었는데 어떻게 그런 생각을 했나 모르겠다.) 택시 기사님은 나를 내 차 주차시켜 놓은 주차장까지 데려다주시면서 "아니, 아가씨가 겁도 없이 이 낯선 데서 무슨 일 생기면 어떡하려고. 우리 딸 같았으면 다리몽둥이를 분질렀을 텐데……." 하시며 폭풍 잔소리를 하셨다. 내가 외국도 아니고, 말을 못하는 것도 아니고, 돈이 없는 것도 아니고. 이렇게까지 잔소리를 들어야 하나 싶었지만 어쨌든 기사님은 내가 내 차에 오르는 것까지 확인하신 후 택시를 돌리셨다. 그해 제주 여행은 잊을 수 없는 기억이다.

직업 특성상 일요일을 끼워서 휴가를 갈 수가 없었다. 아무리 길어도 6박 7일. 일요일 밤에 떠나서 토요일 밤에 돌아올 수 있는 게 최대였다. 그러니 유럽 같은 곳은 가볼 엄두 내기가 어려웠다. 일본이나 동남아, 어떡하다 비행기 시간이 잘 맞춰지면 동유럽까지는 가능했다. 그래서인지 나의 여행은 언제나 혼자인 경우가 많았다. 외국도 혼자 잘 돌아다녔다. 캄보디아 앙코르와트 어느 성벽

에 양반다리를 하고서는 노을이 지는 하늘을 바라보며 한두 시간
을 앉아 있기도 했다. 쇼핑을 별로 좋아하지 않아서인지 어디든 여
행을 가면 그곳 자연을 보고, 그 속에서 머물러 있는다. 또, 입 짧고
그닥 먹을 것 좋아하지 않지만 현지 음식은 꼭 먹어본다. 그 외에
다른 건 많이 하지 않는 편이다. 여행은 늘 설렌다.

여행, 얼마나 자주 가는가? 사람을 젊게 만드는 데는 두 가지
방법이 있다 한다. 하나는 사랑, 하나는 여행. 사랑하는 사람과 함
께 떠나는 여행도 설레고 멋있겠지만 혼자 떠나는 여행의 짜릿함
은 혼자 떠나본 사람만이 알 수 있다고 한다. 그래서 나에게 주는
여행은 두 가지 시스템이 작동하는 거 같다. 하나는 보상으로써의
여행이고, 하나는 나를 추스름으로써의 여행이다. 전쟁 같은 직장
생활과 사회생활에서 지쳐서 주저앉고 싶을 때, 처절한 관계의 파
괴로 더 이상 다른 사람의 얼굴 따위는 보고 싶지 않을 때, 내 인생
은 이제 마른 장작 같아서 더 이상 희망이 보이지 않는다고 느껴
질 때, 이유 없이 우울하고 답답해서 미칠 거 같을 때 여행을 떠나
면 좋다. 대부분 나를 추스름으로써의 여행은 계획 없이 훌쩍, 멀
리도 아니고 1박 2일, 당일치기, 길어야 2박 3일로도 떠날 수 있다.
운전을 좋아해서 그런지 정말 머리가 아프고 복잡할 때, 인간이 꼴
도 보기 싫을 때, 지갑과 차키 하나 들고 차에 몸을 싣는다. 동해에

가기로 결심하고 바다 앞에서 혼자 잡기놀이도 하고, 사진도 찍고, 해변 이쪽 끝에서 저쪽 끝까지 걷기도 한다. 바다와 한바탕 씨름을 하는 거 같다. 여행 한번 갔다고, 바다 하루 봤다고 내 인생이 달라지는 것은 아니다. 드라마에서처럼 여행지에서 귀인을 만나는 것도 아니고, 사랑을 불태울 한눈에 반하는 사랑을 만나는 것도 아니다. 마치 뭔가 설레는 일이 있었던 것처럼, 바다에는 모두 털어놓아도 될 거처럼, 인생이 이렇게 끝도 없이 밀려왔다가 밀려가는 거라고 혼자 중얼거리며 노트에 뭔가를 메모했었다. 그렇게 훌쩍 떠나는 짧은 일탈의 여행은 내 삶에 작은 쉼표를 찍어준다. 그렇게 때때로 나는 홀로 떠난다. 굳이 누구와 시간을 맞추고 어디가 좋을까 고민하지 않는다. 그저 하루 혹은 이틀을 온전히 비워내면서 무엇을 새롭게 채워 넣을 수 있는지 내가 나를 돌아보고 오게 된다.

시간과 돈이 있다면 보상으로서의 여행을 준비하고 계획하고 다녀오는 것은 멋진 일이다. 그러려면 준비해야 한다. 돈과 시간이 아주 많아서 어느 때고 마음먹으면 미국이든 이탈리아든 훌쩍 몇 주고, 한 달이고 떠날 수 있는 정도의 능력이 아니라면 말이다. 그래서 직장인들에게 1년에 한 번 정도 하는 외국여행은 나에게 주는 신나는 보상과도 같은 것이다. 이를 위해서는 꼼꼼하게 돈을 모아야 한다. '아, 여행 가고 싶다. 스페인이 좋다던데. 스페인 가봐야지', 하고 연초에 마음은 먹었는데, 휴가도 연중 매번 다 받아서 쓰고, 비행기 티켓도 한 달 전에 알아보고, 다음 달 보너스 나오면 그 돈으로 가야겠다는 생각을 하며 여행을 위한 돈도 모으지 않는다면, 십중팔구는 여행 가기 어렵다. 물론 태어나길 계획 같은 건 세상에서 가장 귀찮은 일이라고 생각하며 아주 최소한의 것만 준비하는 나 같은 이도 있긴 하나, 보상으로서의 여행은 좀 힘들 수도 있다.

그리고 매해 그렇게 할 수도 없다. 매해 여행경비 모은다고 다른 데 돈 안 쓰고, 그것만 위해서 열심히 달리는 이들도 보았다. 그 나름의 매력이 있긴 하지만, 그렇다고 그걸 위해 다른 일상들을 포기하라고 하는 건 좀 아쉽다. 뭐든 자기에게 가장 매력 있는 것을 선택하되, 그것이 일상과 조화를 이루고 일상을 침범하지 않도록 하는 게 중요하다. 여행의 기쁨을 홀로 충분히 누리되, 그것이 목적이 되어서는 안 된다. 최대한 가방은 가볍게, 몸도 가볍게. 홀로 떠난 그 여행에서 충분히 자신과의 데이트를 즐기고, 기쁨을 누리면 된다. 여행이 주는 안락함보다 여행이 주는 신선함을 계속해서 만끽하려고 노력하자. 배낭여행 다니고, 게스트하우스에서 모르는 이들과 수다 떨며 잠을 청하던 친구들도 나이가 들면 서서히 편안한 호텔을 찾게 되고, 패키지를 따라 떠나기도 한다. 개인의 선택이니 뭐라 할 말은 없지만, 어쨌든 내가 여행하는 그 목적을 잊지 말고 설렘과 두근거림을 만끽하는 여행을 떠나고 즐기자. 그것도 혼자서. 얼마나 많은 삶의 영감이 떠오르는지 겪어본 사람만이 알 수 있다.

나는 3년 안에 산티아고 순례길을 걸을 예정이다. 나에게 6개월 정도 안식년을 줄 수 있게 되면. 그래서 그 설렘을 안고 요즘은 걷기 운동을 하고 있다. 잘 걸어야 한다기에. 몇 날 며칠을 걷는 그 순례길의 여행을 기대한다면 일이 년 정도는 가볍게 돈을 모을 수 있을 거 같다. 가볍게 떠나서 마음에 풍요로움을 가득 안고 돌아오는 멋진 여행자가 되기를. 어차피 인생은 여행과 같은 것이기에 우리 모두는 이미 여행자인지도 모른다. 그렇다면 지금 내가 걷고 있는 이 여행도 설렘으로 낭만으로 누려보기를.

6

혼자 아파도 119는
부를 수 있다

    나이가 많건 적건 간에, 남자든 여자든 간에 아마도 혼자 사는 사람의 가장 큰 걱정은 내가 갑자기 아플 때 옆에 아무도 없으면 어떡하나 하는 것이다. 설문조사 같은 게 있는지는 모르겠지만 아마 십중팔구는 그러하다. 드라마에 나왔던 기억에 남는 장면 중 하나가 있다. 혼자 사는 중년 남성이었는데 경제력도 있고, 사회적 직업도 괜찮은 싱글 라이프를 즐기는 사람이었다. 그런 그가 샤워하러 욕실에 들어갔다가 미끄러져 넘어졌는데 허리를 다쳐서 꼼짝을 할 수가 없는 거였다. 전화를 할 수도 없고 누구를 부를 수도 없고 몸은 말을 안 듣고 그렇게 욕실 바닥에 드러누워 꼼짝없이 갇히는 장면이었다. 어떻게 해결이 되었었는지는 기억이 나지 않지만 '아, 진짜 저럴 수도 있겠다'라고 공감했던 기억이 있다.

실제로 나도 그런 비슷한 경험이 있었다. 저녁 10시쯤부터 으슬으슬 아프기 시작했는데 새벽 2~3시가 되니 견딜 수가 없었다. 거의 정신이 혼미해지는 것 같고, 움직일 수가 없었다. 부모님이 가까이 사시는 것도 아니니 부를 수도 없고, 그 시간에 달려오라고 마땅히 전화할 만한 친구도 떠오르지 않았다. 전화를 하면 와줄 수 있는 사람이 한두 명쯤은 있었겠지만 그 순간엔 그렇게 하지 않았다. 병원에 데려가 달라고 혼자서 119에 전화를 했다. 119가 도착했고, 아파트 문조차 열어줄 수가 없어서 그들이 문을 열고 들어왔고 근처 대학병원 응급실에 도착했다. 응급실에 달랑 나 혼자 갔더니 간호사가 '보호자는 어디 계세요?'라고 대여섯 번은 물었다. 보호자 없다고, 혼자 왔다고, 너무 아파서 말할 기운이 하나도 없는데 이름도 대고 주민번호도 대며 혼자서 수속을 하면서 서럽기보다는 짜증이 났던 기억이 있다.

아픈 몸과 혼미한 정신을 이끌고 그래도 어찌어찌 응급실 수속을 끝내고 검사를 받고 며칠간 입원을 했다. 큰 병은 아니었다. 그렇게 며칠을 앓고 집으로 돌아오는 길에 죽 가게에 들러서 죽을 사 가지고 갔다. 그리고 다음 날 출근을 했다. 그때 알았다. 아, 어지간히 위험한 일이 아니고는 혼자서 죽지는 않겠다고. 내 얘기를 듣더니 지인 중 한 명은 남편이 출장 간 사이 아이가 나오려고 해서 혼자 병원에 갔다고 했다. 남편이 있는데도 혼자 아기 낳으러 병원 가는 심정을 아냐며, 혼자 119 부르는 게 더 나아 보인다고 말이다.

요즘은 워낙 세대를 막론하고 고독사에 대해서 이야기를 많이 하니 혼자 사는 사람은 누구나 한 번쯤 고독사에 대한 알 수 없는 공포 같은 걸 느끼기도 한다. 이제는 늙고 병들어 혼자 죽어가는 것이 아니라, 20대든 30대든 적절한 관계망이 없으면 방 안에서 쓸쓸히 생을 마감할 수도 있다는 섬뜩한 상상을 하게 되는 것이다. 어찌 보면 참 허술해 보이는 우리나라 복지망이 또 어떨 때 보면 굉장히 든든하게 느껴지기도 한다. 내가 119에 신고할 정도의 정신만 있으면 어떻게든 된다. 그럴 수 없는 상황들이 있기도 하겠지만 살면서 내가 어찌할 수 없는 천재지변 같은, 예측할 수 없는 상황은 꼭 찾아오기 마련이고, 그게 둘이 산다고 가족이 있다고 해서 꼭 가족이 같이 있는 시공간에서만 일어나리란 법도 없다. 혼자 살다가 고독사하면 어떡하지, 나 아픈데 병원 데려가 줄 사람 없으면 어떡하지 하는 걱정들은 아마도 우리가 하는 일어나지 않을 많은 일들을 상상하는 예기불안과 같은 것들일 뿐이다. 그래서 그게 결혼해야 할 많은 이유 중의 하나가 되지는 않았으면 한다.

100세 시대라는 말이 낯설지 않은 시대에 살면서 30대 후반쯤 되면서부터는 뭔가 내 신체에 대한 걱정과 불안과 불만들이 서서히 생겨나기 시작한다. 10년 전처럼 밤을 샐 수도 없고, 며칠만 무리하면 피부는 금세 화장을 받아들이지 않고, 스트레스로 인한 소화불량이나 위염 같은 건 친구인 양 친한 척 늘 따라다닌다. 관리를 한다고 하는데도 내가 입던 옷 치수가 왠지 불편하게 느껴져서 한 치수 더 큰 걸 입어야 하나 괜스레 고민도 하게 된다. 작년에는 분명 맞았던 스커트가 몸무게는 비슷한데 이상하게 핏이 다르게 느껴지고, 거울을 들여다보면 지금까지 쓰던 것보다 더 고가의 화장품을 써야 하나 고민하게 되는 일도 있다. 무슨 영양제를 먹어야 하는 건 아닐지, 몸에 뭐가 좋다던데 하고 기웃거리게 되기도 한다. '결혼 안 하고 혼자 살려면 건강하기라도 해야 해'라며 몸에 좋다는 걸 끊임없이 챙기는 건강염려증 같은 걸 안고 사는 내담자들도 많이 만나게 된다.

이건 혼자 살아서의 문제가 아니라 그저 나이 들어가는 내 신체를 내가 어떻게 돌볼 것인가 하는 것과 연관되는 문제다. 사람은 신비한 존재라 몸이 아프면 마음이 아프고 힘들어지게 되고, 마음이 아프면 몸도 따라서 꼭 어떤 부분이 힘들다고 신호를 보낸다. 즉 몸과 마음이 따로따로인 존재가 아니다. 건강하게 살기 위해서는 몸도 마음도 괜찮아야 한다. 둘 다가 건강해야 건강한 삶으로 살아갈 수가 있는 거다. 지금 당신은 당신의 육체적 건강을 위해서 무엇을 매일 실천하고 있는가? '나 혼자 아프면 누가 병원에 데려가 주지?'라는 걱정과 불안 앞에 그저 서 있기만 한가? 아니면 '아프면 혼자라도 119 불러서 병원에 가면 돼. 별문제 아냐. 대신 혼자서 아프지 않기 위해서 나의 건강은 내가 잘 돌보자'라며 스스로의 건강을 위한 뭔가를 매일 실천하고 있는가?

내가 세상에서 제일 싫어하는 게 운동하는 거다. 다행이라면 다행인데 체질이 그래서인지 그래도 별 아픈 데 없이, 아무런 운동 없이도 늘 약간은 마른 체형을 유지했다. 그래도 내 나름 지키는 건 있었다. 하루에 10층 이상 계단 2번 걸어서 올라가기. 일주일에 두 번 이상은 하루 한 시간 걷기. 딱히 몸매를 가꾸기 위해선 아니다. 그저 운동을 싫어하기에 그거라도 하는 게 내 몸에 대한 예의라고 생각했다. 돈이 없고 시간이 없다는 건 가장 손쉬운 핑계임을 우리는 잘 알고 있다. 유튜브를 잠깐만 검색해봐도 돈 들이지 않고, 많은 시간 들이지 않고 혼자서도 할 수 있는 수많은 운동들과 비법들이 쏟아져 나온다. 몸을 돌보는 데 운동이 얼마나 중요한지는 굳이 여기에 쓸 필요조차 없을 것이다. 중요한 건 하느냐, 하지 않느냐 하는 문제이다. 불안이 높은 이들의 특징은 지금 뭘 하지 않으면서, 하지 못할 이유는 많이 찾아내고, 할 수 있는 것들의 리스트는 너무 높고 장황하게 만든다. 그리고서는 '결국 난 이걸 하지 못하니까, 그래서 이런 일들이 생길 거야'라고 스스로를 합리화하는 것이다.

혼자 아파서 집에서 쓰러지면 어떡하지? 고독사가 내게 닥치면 어떡하지? 물론 그건 아주 낮은 0.1% 이하 확률로 내게도 일어날 수 있는 일이기도 하다. 하지만 그런 걱정을 하기 전에 그렇게 되지 않도록 나를 건강하게 가꾸면 된다. 운동 열심히 하고, 내 몸에서 보내는 신호에 민감하게 대응해주는 거다. 이 사회가 그렇게 나를 내팽개치는 방향으로 나아가지는 않을 거라는 확신을 가지고 나도 그런 사회가 되지 않도록 뭔가의 나만의 노력을 기울이면서 살면 된다. 너무 과하게 건강에 대해 염려할 필요는 없다. 스스로 지킬 수 있을 만한 건강을 잘 돌보기 위한 자기의 수칙을 만들면 된다. 그리고 당장 실천하면 된다. 싱글로 산다는 것의 가장 큰 장점 중 하나는 그것 아닌가? 마음만 먹으면 당장 실천할 수 있다는 것! 나를 방해하는 어떤 것도 없으니 말이다. 싱글로 산다는 건 철저하게 내가 나를 돌보는 삶이고, 온전히 내 몸과 마음의 주인으로 내 삶에 대해 책임을 지는 것이다. 그것이 건강이든 마음이든 모두를 포함하여.

7

나에게
얼마를 투자할 건데?

"세상에서 제일 좋은 투자 종목 좀 하나 추천해주세요." 세상에서 가장 투자를 많이 해보고 가장 돈을 많이 번 사람에게 어떤 사람이 물었다. 그러자 그가 대답했다. "이 세상 최고의 투자 종목은 바로 자신입니다." 세계 최고 부호인 워런 버핏이 한 말이다. 자기 자신에게 투자하는 것이 가장 안전한 투자이고 가장 올바른 투자이며 절대 손해 보지 않는 투자라는 거다. 또 가장 장기적으로 이익을 볼 수 있는 투자라는 거다.

지금 지난 한 달, 석 달, 6개월, 1년 치 지출분석표 목록을 작성해서 만들어보자. 그 목록에서 소비 말고 투자는 얼마나 될까? 대부분 월급 받는 이들의 지출분석표는 비슷비슷할 것이다. 주거비용, 각종 공과금 및 보험을 비롯한 고정지출, 외식이나 쇼핑 등에 들어가는 지출 등으로 나뉠 것이다. 한 달에 나를 위해 책은 몇 권을 샀는가?(읽었는가?) 지난 3개월 동안 영화, 뮤지컬, 전시회 등 무엇이든 공연관람을 위해 지출한 금액은 얼마인가? 새로운 배움을 위해서는 얼마를 투자했나? 우리는 자본주의사회에서 살고 있다. 돈이 가는 곳에 마음이 가기 마련이다. 돈을 썼다는 건 그 분야가 내 삶의 우선순위라는 거다. 그런데 나를 위해서 쓰는 돈 중에서 입고, 먹고, 소비하는 거 외에 장기적인 내 삶을 위해 투자하는 금액은 얼마나 될까? 저축 말고 재생산을 위해서 말이다.

30대가 다 가도록 대학 학자금 대출을 갚아야 하는 이들도 많을 것이다. 그렇다고 평생 소득이 보장되어 10년 이상 안정적인 수입 계획을 세울 수 있는 직장을 가진 여성들도 소수일 거다. 많은 이들이 공무원이나 선생님이 되고 싶어하는 이유에는 이런 장기적인 안정성이 있음은 당연하다. 문제는 되고 싶다고 해서 다 되지는 않는다는 거다. 그렇다면 일반 직장에서 내가 계속 도태되지 않고 승진하기 위해서, 또는 4차 산업혁명 시대에 나 스스로가 어떤 플랫폼이 되고, 1인 지식기업가가 되기 위해서 나는 나에게 무엇을 투자하고 있는지 진지하게 고민해보아야 한다.

나는 대학을 졸업하고 바로 석사과정에 들어갔다. 졸업해서 일하면서 석사과정을 또 하나 마쳤고, 그리고 몇 년 뒤에 또 일하면서 박사과정에 들어갔다. 석사과정까지는 어떻게 일하면서 번 돈으로 다녔지만, 박사과정부터는 학자금 대출을 받아야만 했다. 서른이 훨씬 지나서 하는 공부에 학자금 대출까지 받으니 서글펐다. 친한 친구는 내게 말했었다. "지금 박사 된다고 인생이 뭐 그렇게 달라지겠어? 그 돈 모아서 불리면 노후에 몇 년 먹고 살 거는 나올 텐데." 일면 맞는 말이긴 했다. 한국에 고학력 스펙으로 꽉꽉 찬 이들이 얼마나 넘쳐나는데 내가 무슨 교수가 될 것도 아니고 박사까지 하나 싶었다. 그럼에도 나는 기어코 박사학위를 받았다. 일하면서 그렇게 마치는 게 쉬운 일은 아니었다. 틈틈이 있는 시간, 없는 시간 쪼개서 책 읽고, 글 쓰고, 공부하고, 일하고. 그렇게 5년을 보냈다. 그리고 박사학위를 받고서는 대단한 일이 일어났을까? 그렇지 않다. 대부분의 박사들이 논문을 쓰고 나면 다시 취준생의 마음이 된다. '앞으로 뭘 하지? 불러주는 데가 있을까? 뭘 하고 살 수 있을까?' 특히 요즘처럼 점점 정규직이라는 게 사라지고 모든 게 계약직이자 비정규직으로 전환되는 시대에, 인문학 박사는 그야말로 별 볼 일 없는 고스펙, 고퀄 불안정의 대명사다. 나이 들어 공부한다는 건, 현실적으로 수지타산이 맞지 않는 일이다. 나는 과감하게 나에 대한 그런 투자를 선택했다. 그리고 지금, 그 아웃풋에 대해 돈으로 따진다면 오히려 불안정 노동자에 가깝다.

그럼에도 나는 나에 대해 만족한다. 내 인생의 가치가 꼭 찬란한 1등 주식이 되는 데 있지 않았기 때문이다. 돈을 많이 벌어서 빌딩을 사는 것에 있지도 않고, 연예인 못지않은 유튜버가 되고 싶은 데 있는 것도 아니고, 내가 전공한 학문에 있어서 최고 권위자가 되는 것도 아니기 때문이다. 나는 배우는 일이 기뻤고, 나의 배움을 통해 내놓는 아웃풋이 꼭 필요한 이들에게 적절하게 희망이 되고 힘이 되고 위로가 되는데 내 인생의 가치를 두었다. 물론 먹고사는 거 중요하고, 어떡하면 보다 편안한 노후를 보낼 것인가에 대한 관심도 많다. 그러기 위해서는 내가 할 수 있는 한 돈을 버는 것도 중요하다.

하지만 내가 그 아웃풋만을 위해 나에 대한 투자를 감행했다면 나는 잘못된, 마이너스 투자를 한 것이다. 특히 내가 전공하고 있는 상담과 목회라는 분야는 더욱 그렇다. 내가 나 자신에게 마이너스 투자를 하지 않았다고 느끼는 것은 나 자신에 대한 당당함과 프라이드이다. '돈으로 나를 평가할 수 없어, 유명세로 나를 평가할 수 없어, 높은 지위로 나를 평가할 수 없어'라고 세상을 향해 당당히 말할 수 있는 자신감이 있다. 나는 나로 살 거야. 작고 소소하고 어떤 이에게는 약간은 지질해 보일 수도 있는 일상이라 할지라도 '나는 행복해'라고 말하면서 살 수 있는 비결을 배웠기에 그것이 바로 나를 위한 투자로 얻은 플러스 결과물이다.

　자기의 인생을 소중히 여기고, 자신감 있게 당당하게 살고 싶다
고 말하는 이들을 가만 보면, 이런 이들일수록 말만 하지 실천은 잘
하지 않는다. 이건 단지 그렇게 하자고 마음만 먹는다고 해서 되는
일이 아니다. 자기 내면에 대한 끝없는 투자로 가능해진다. 돈도 투
자해야 하고, 시간도 투자해야 한다. 적어도 월급의 10% 정도는 자
기 자신에게 투자해야 한다. 뭘 새로운 걸 배우든, 체력을 키우든,
덕후 놀이를 하든 자기를 믿고 자기에게 투자해야 한다. 그리고 그
투자는 일확천금을 꿈꾸는 투자가 돼서는 안 된다. 버핏의 투자법
칙 중 제일 중요한 건 우량주를 발굴하는 안목과 기다릴 줄 아는
인내라 했다. 세상에서 제일 좋은 우량주는 나 자신이다. 다른 사람
에게 투자해서 그 사람이 잘되면 나한테 배당금을 돌려달라고 할
수는 없다. 세상에 그럴 수 있는 관계는 오로지 부모가 자식한테
하는 것밖에 없을 것이다. 하긴 요즘 세상에는 부모도 자식한테 배
당금을 바라고 투자하지는 않는다. 자신에게 10% 투자하기 쉽지
않다. 몇 달 하다가, 급하면 후순위로 밀린다. 나는 어떻게든 굴러
가고 있는 거 같으니까 더 급해 보이는 게 눈에 보인다. 하지만 그
렇게 해서는 장기투자는 할 수 없다.

자기를 최고로 알고 자기에게 투자하되, 어떤 가치와 결과를 기대하는 자기가 될 것인가를 꿈꾸어야 한다. '마냥 배워두면 언젠가 좋겠지', '이걸 해놓으면 나중에 써먹을 데가 있겠지.' 물론 그렇긴 하다. 그런데 그건 너무 산만하다. 그렇게 분산해서 여기저기 하는 건 20대, 30대 초반에 가능한 얘기였다. 30대 중반이 넘어가고 있다면 이제는 목표가 있어야 하고, 그 목표에는 가치가 있어야 한다. 유명한 1인 강사가 되고 싶거나 유튜버가 되고 싶거나, 자기 가게를 내고 싶거나, CEO가 되고 싶거나 하는 것들이다. 뭔가 유명하고 크고 돈 잘 버는 게 아니어도 된다. 그저 소박하게 나의 내면을 점점 키워가고, 그것이 의미 있는 결과물이 된다면 돈과 굳이 상관없어도 괜찮다. 그것이 자기 것이라면 충분히 의미 있는 가치가 된다. 중요한 건 자기에게 너무 박한 점수를 주고, 자기 자신을 곧 상폐 될 주식처럼 여기면서 언제나 다른 세상만 기웃거려서는 안된다는 것이다. 남들은 뭘 하고 있는가만을 구경하며, 나에게 투자하는 걸 아까워하고, 시도도 하지 못하는 건 좀 씁쓸하게 느껴진다. 그냥 평생 그렇게 나는 돈도 가치도 가지지 못한 채 성장하지 못하고 머물러 있기만 해서 언젠가 낙오자처럼 나를 바라보게 되는 건 너무나 슬프고 서글프다.

오늘 당장 열심히 고민해보자. 내 수입의 10%를 어떤 방식으로 나에게 무엇을 위해서, 어떤 것들을 투자할 것인지를 오늘 당장 고민해보자. 그 투자로 인해 내가 가지게 될 투자의 결과와 배당을 그림으로 그려보자. 겉보기에 화려하고 남들이 멋있다고 말해주는 그런 것이 아니라 내가 만족할 수 있고 자랑스러운 그림을. 그리고 당장 실천하자.

8

모임에 나가거나
모임을 만들거나

때는 봄꽃이 흐드러지게 피어나는 봄, TV든 백화점이든, 온라인 마켓이든 온통 '가족과 함께'라는 슬로건 아래 사람들을 불러 모으고 있었다. 부모님에게 드릴 선물 마련하라고 세일하고, 가보고 싶었던 식당에 가라고 외식 쿠폰도 이벤트로 주고, 어린이를 위한 선물 보따리도 엄청 풀린다. 그런 달이 바로 5월이다. 2월, 발렌타인데이로부터 3월의 화이트데이를 거치면서 4월은 블랙데이인데 5월은 장미꽃을 주고받는다는 로즈데이란다. 그런 데이가 12월까지 매월 14일마다 돌아온다. 꼭 둘이서 뭔가를 해야만 하는 날들이다. 외국에도 이런 게 있는가 모르겠지만 어쨌든 대단하다는 생각이 든다.

싱글로서 제일 뭔가 밀려난 듯한 느낌을 안 가지려야 안 가질 수 없는 달이 5월이고, 무슨, 무슨 날이다. 우리나라에도 설명절과 추석명절을 제외하고 무슨, 무슨 날들, 법정 공휴일이 꽤 많지만 그 중에서도 왠지 꼭 연인이나 가족과 함께 해야만 할 것 같은 날들이 있다. 나는 워낙 뭘 잘 기념하고 챙기고 그런 성격은 아니다. 부모님 생일도 지나서 기억하며, 연애할 때는 남자 친구 생일도 기억 못 해서 그 전주에 생일파티라고 파티를 차려주기도 했다. 같이 자취한 정말 친한 친구가 있는데 그 친구 생일이 12월이다. 20년을 만났는데 12월 초라는 것만 늘 안다. 늘 11월 말쯤 다시 물어보는 나의 이 특별 데이 망각 기능이란 가공할 만하다. 무엇이라고 이름이 붙어 있는 날도 평소와 다를 바 없으며, 잘 챙기지도 않는다. 매우 씩씩한 사람이고, 혼자 있는 것에 익숙해지기도 했다. 그래도 이름 붙여진 날엔 나도 꼭 누가 같이 있었으면 하는 마음이 드는 건 어쩔 수 없다. 특히, 봄과 연말이 그렇고, 내 생일날이 그랬다.

내 생일은 8월에 있는 공휴일이다. 맞다. 8월 15일. 한참 방학 때이니 학교 다닐 때도 친구들이 자연스럽게 모이는 게 아니라 약속을 정하고서 따로 만나야 했다. 생일을 열렬히 챙김 받는다는 것에 익숙하지도 않다. 그런데 어느 해 생일인가, 교회에서 가르치던 고등학생 아이들이 깜짝 파티를 열어줬다. 마치 내가 키운 자식들 한테서 축하를 받는 마음이 들었다. 아, 엄마가 자기 자식에게서 축하 받는 게 이런 마음이겠구나 하고 눈물 나게 고마웠던 기억이 있다. 그런데 교회를 사임하고서 첫 생일을 맞았는데, 많은 사람들에게서 축하 카톡도 받고, 케이크 선물도 카톡으로 받고 했으나 웬일인지 그해에는 실물로 만나는 사람이 없었다. 이럴 수가! 아마도 실물(?)로 사람을 만나지 못한 생일은 그해가 처음이었던 거 같다. 마른 낙엽이 바스락 떨어져서 손바닥 위에서 가루로 날려버리는 것 같은 기분이었다. 아, 이대로 혼자 나이 들어가면 난 자주 이런 상황에 부닥칠 것이고, 그럼 이런 기분은 더 자주 느끼게 되리라. 그러고 싶지 않았다.

다음 해 생일, 내 생일은 빨간 날이므로, 한 달 전부터 사람들을 불러 모았다. 사람들이래야 친한 친구 4~5명 정도였다. 그들을 열심히 꼬드기고 설득해서 1박 2일 여행을 다녀왔다. 여행은 즐겁고 행복했다. 유쾌하고 따뜻하면서도 시원했다. 여행 중에 내 생일이 들어 있음을 알리고 선물도 준비해오라고 당당히 요구했다. 그들은 구시렁대면서도 선물까지 챙겨 들고 나타났다. 케이크에 왜 이렇게 초가 많이 꽂히는지 모르겠다면서도 초를 꽂고 노래도 불러줬다. 케이크를 얼굴에 묻히는 그런 아까운 장난은 하지 않았다. 1박 2일 여행이었지만 내가 렌트한 스타렉스로 내가 운전하면서 길 위에서 보낸 시간이 더 많은 거 같으나 그래도 좋았다. 같이 있을 수 있는 사람들이 있어서. 그해 나의 생일은 유쾌했다.

　그해 연말에는 집에서 작은 모임을 열었다. 낯도 많이 가리고 사람들에게 먼저 말 건네는 것도 어색해하며, 북적거리는 것도 별로 좋아하지 않지만 몇몇과 함께 모이는 것도 재미있을 거 같았다. 이번엔 아는 사람들만 초대한 게 아니라 SNS에 공지를 올렸다. 연말을 맞아 뜻깊은 시간 같은 건 아니어도 그저 재미있게 같이 마음을 나눌 수 있는 사람들을 모은다고. 어떤 영화를 하나 정했었다. 이 영화를 보고 함께할 사람들이라고, 성별과 나이에 상관없이. 전혀 모르는 사람들과 시간을 같이 한 건 아니지만, 의외로 별로 친하지 않았던 이들로부터도 연락이 왔고 함께 그해 연말의 어느 시간을 함께 보내기도 했다. 나로서는 굉장한 모험이었다. 혼자 지내는 것에 익숙하다고 여겨왔고, 무슨, 무슨 날에 또는 연말에 홀로 뭔가를 한다는 것에 대해 처량함이나 외로움 같은 감정을 느끼지 않았었다. 오히려 그렇게 친하지도 않은 몇 명 불특정 다수를 모아서 함께 음식을 먹고 이야기를 나눈다는 것에 스트레스를 받을 일이었다. 그 모임이 마냥 편하거나 행복하지만은 않았다. 그래도 그런 모험을 시도한 나는 스스로를 칭찬하였다. 아마 내 인생에서 가장 큰 모험과 실험 같은 일이었을 수도 있다.

앞으로 나는 싱글로 살아갈 것이다. 점점 더 무슨, 무슨 날에, 다른 사람들은 가족들과 함께 보낸다고 말할 그런 날에 혼자 있는 시간이 많아질 것이다. 혼자 있는 게 죽도록 싫은 건 아니지만 또 혼자이고 싶지 않은 그런 날도 있을 것이다. 그때 나는 어떻게 할 것인가? 가만 앉아서 누군가가 나를 불러줄 때까지 카톡 창과 전화번호 주소록 창만 올렸다 내렸다 하면서 있을 수는 없다. 옆에 사람이 있기를 원하면 내가 사람들을 모으면 된다. 필요한 모임을 만들고, 그 모임에 사람들을 초청하고, 거기에 온 사람들과 그 자리에서 충분히 그 시간을 누리면 될 일이다. 언제나 그들이 같은 멤버여야 할 필요도 없고, 그럴 수도 없다. 그저 내가 누군가와 같이 있기 원하는 그때에, 같이 있고 싶은 사람들이 있을 수 있도록 마당을 마련하는 것도 멋있지 않을까? 매번, 매년 그렇게 할지는 의문이다. 아마 그때 한 번으로 내 생에서 끝난 이벤트가 될 가능성도 있다. 아니면 매년 또는 더 재미나다면 분기별로 할 수도 있다. 사람 일은 모르는 거니까.

이제는 관심사에 따라 사람을 만나는 모임에 나가기도 쉬워졌고, 내가 직접 만남을 만들기도 쉬워졌다. 내가 만나는 사람들, 함께하는 모임이 늘 함께 모이는 오랜 친구들이어야만 할 필요는 없다. 오랫동안 모임을 함께했던 사람들과 만남으로써 느낄 수 있는 기쁨과 감사함이 있는 반면에 새로운 사람들과의 모임을 주선하고 그들을 만나면서 느끼는 설렘 또한 충분히 크다. 나이가 들어갈수록 내 인생에서 경험할 수 있는 것들을 최대한 경험하도록 나를 열어두고, 울타리를 점점 넓혀가고 싶다. 배신당했던 경험, 인간에 대한 큰 실망으로 잠을 이루지 못했던 경험이 늘어가기도 할 것이다. 거기에 비례해 또한 사람을 신뢰하며 함께할 수 있다는 믿음과 경험을 쌓아갈 것이다. 나의 인생이 그렇게 넓어져가기를 소망한다. 늘 하던 것에서만 맴도는 일상이 아니라 가끔은 변주를 주고, 엉망진창이 되어도 좋다. 여전히 그 변주와 엉망진창을 즐길 수 있게 되는 젊음을 가지고 나이 들어가고 싶다.

9

아무리 많아도 불행할 수 있고,
조금만 가져도 행복할 수 있는, 돈

자본주의사회에서 가장 중요한 건 뭘까? 사람들은 자기 인생에서 중요한 가치를 단어로 기술하라고 하면 좋은 말들을 많이 쓴다. 그런데 요즘은 딱히 그런 거 같지 않다. 초등학생들의 꿈이 건물주라는 웃지 못할 이야기는 이미 많이 회자되었다. 어떤 유머 게시판에는 초등학생들이 "내 꿈은 건물주 아들인데, 우리 아빠가 건물주가 되려고 너무 노력을 안 해요"라고 얘기한다는 에피소드가 등장했었다. 사실이든 아니든 그럼직하다고 짐작이 된다. 돈은 이제 우리 일상의 가장 중요한 가치가 되어버렸다. 돈이 우리에게 얼마나 소중한지는 모르겠으나 최고의 가치가 되었다는 것은 의심할 여지가 없다. 그래서 혼자 살아도 괜찮지만, 남편 없고 자식 없어도 괜찮지만 돈 없이는 못 산다는 말들을 공공연히 한다. 혼자 살려면 첫째도, 둘째도 경제력이라고.

틀린 말은 아니지만 왠지 나는 그 말이 씁쓸하다. 열심히 노력해서 돈을 안 벌고 싶은 사람이 누가 있겠는가? 얼마 전 동창회 모임에 나갔을 때 들었던 이야기다. 어릴 때부터 공부 잘해서 서울의 좋은 대학 나오고, 공무원 시험에 합격해서 지금은 고급공무원 하고 있는 친구가 있다. 그는 공부할 때 시골에 있는 땅 팔고 소 팔아서 자기는 공부했고, 지금은 박하다고는 할 수 없지만 공무원 월급으로 애 키우고 살림살이하느라 너무 빠듯하고 힘들다고 했다. 그런데 그 친구가 하는 얘기가 재미있다. "내 친구 중 한 놈은 어려서 공부도 안 하고 지지리도 말썽만 피우고 돌아다녔는데, 지금은 시골에 있던 땅값이 천정부지로 솟아서 그걸로 지 가게도 내고 여행도 맘대로 다니고 재밌게 잘 살고 있어. 나도 공부하지 말고 우리 집 땅이나 묵혀뒀으면 좋았을걸 그랬어." 웃자고 한 얘기였지만 도저히 열심히 일한 만큼 노력해서 내가 원하는 돈을 모을 수 없는 세상에 대해, 내가 잘못하지도 않았는데 가지게 되는 실패감 같은 느낌이었다.

내가 알고 있는 여자 선배 중 한 명은 결혼 30년째, 본인도 평생 시민단체 같은 데서 일했기에 넉넉한 월급을 받아본 적이 없다. 남편도 역시 시민단체 일을 하는 분인데, 평생 월급을 100만 원 이상 집에 가져와 본 적이 없다고 했다. 그 선배네 부부도 이제 나이가 거의 50대 중반을 넘어가고 있다. 아직 서울에 자기 집도 없다. 그래도 둘은 자녀 둘을 대학 공부 시켰고, 지금도 행복하게 잘 산다. 돈 때문에 스트레스 받지 않냐고 물어본 적이 있다. 많이 받지 않는다고 했다. 그냥 있는 만큼만 쓰면 된다고. 뭘 자꾸 더 하려고 하고, 더 좋은 걸 가지려고 하고, 닥쳐오지 않은 미래에 대해 불안해하니까 돈 때문에 힘든 거 같다고 했다. 자기는 그렇게 생각한다며 있는 만큼 쓰고, 아껴 쓰되, 내가 궁상맞지 않다고 초라하지 않다고 느끼도록 그렇게 살면 되는 거 같다고 말했다. 신기한 선배 부부다. 심지어 내가 급할 땐 나한테 돈을 꿔주기도 했었다.

혼자 사는 내 친구는 어느 날 이제 자기는 5년만 있으면 해방이라고 했다. 고등학교 졸업하고 바로 공무원 시험을 봐서 말단 공무원으로 시작했지만 이제 벌써 정년이 다 되어간단다. 혼자 사는 동안 알뜰살뜰 살아서 집도 한 채 자기 이름으로 가지고 있고, 정년이 되면 나오는 연금 가지고 자기는 충분히 살 수 있다고 한다. 30년을 이 지겨운 삶을 정년을 바라보며 살았다고 말하며, 퇴직을 함과 동시에 자유를 향하여 날아갈 수 있다면서 기뻐했다. 뭘 하고 살 거냐고 했더니 그건 차차 생각 중이라고 했다. 그래도 직업을 가지는 일은 하지 않을 거라고 덧붙였다. 사람들이 살아가는 삶의 방식과 돈을 버는 방식은 각기 다르다. 벌어놓은 돈을 사용하는 방식도 다르고, 또 얼마나 많은 돈이 내 인생에 필요하다고 여기는 가도 모두 다르다. 모든 사람에게 돈이야 많으면 많을수록 좋은 건 맞다. 하지만 그 돈을 위해서 희생해야 할 나의 삶의 대가가 너무 크다면? 열심히 일하고 돈 벌고, 모았는데 내게 남은 게 돈뿐이라면? 물론 혼자 사는 여성이라고 해서 돈을 많이 모을 수 있는 건 아니다. (많이의 기준은 각자 다르긴 하다.) 반대로 혼자 사는 여성이기 때문에 많이 모을 수도 있다. 중요한 건 내 삶의 목표와 가치기준이 어디에 향해 있는가 하는 것이다. 나는 혼자 사는 여성일수록 알뜰하게 생활하고, 현명하게 소비하고, 야무지게 재테크해서 경제력을 갖추어야 한다고 생각한다. 내 인생이므로. 어른으로 살아간다는 건 그게 당연하기 때문이다.

그런데 그것만 인생의 재미가 되거나 목표가 되는 건 좀 생각해볼 일이다. 돈을 많이 벌어서, 많이 모아서 내가 하고 싶은 건 무엇인지에 대해서 곰곰 생각하고 목표를 세워야 한다. 내가 가 닿을 수 없는 곳과 목표를 자꾸 세우면 현실의 나만 초라해진다. 세상에 나와 있는 많은 책들은 경매를 통해 수익 내는 법, 주식을 통해 수익 내는 법 등등 성공의 신기루는 언제나 눈앞에 널려 있다고 말해준다. 나도 저 사람처럼 하면 곧 부자가 될 수 있을 거 같고 성공할 수 있을 거 같다. 이 사람도 따라 해보고, 저 방법도 따라 해본다. 하지만 어땠는가? 결과는 대부분 자꾸 초라해지는 거 같다. 왜 나는 안 되지……. 내가 안 되는 건 아닐 거다. 다만 내가 어디에 도달하면 '이 정도면 충분해'라고 말할지를 스스로 결정하지 못했기 때문이 아닐까? 사람의 욕망은 끝이 없다. 좀 더 많이 가지고 싶고, 좀 더 편하고 싶고, 좀 더 멋있고 싶다. 그 욕망을 나무랄 수는 없다. 단지 그 욕망에 휘둘리는 나의 삶은 괜찮은가를 돌아보지 못하는 나에 대해서는 계속해서 살펴야 한다. 그래야 욕망에 휘둘리지 않고 건강해질 수 있다. 그래야 객관적 거리 두기가 가능하고 내가 실제로 가 닿을 수 있는 곳에 목표를 두게 되고, 그 목표를 이룰 수 있게 된다.

돈, 중요하다. 필요하다. 하지만 그것이 나의 가치와 행복을 결정짓지는 않는다. 아무리 많아도 불행할 수 있고, 없어도 행복할 수 있다. 그 반대의 경우도 물론 있다. 그것이 그냥 평범한 삶을 살아가는 우리들에게 돈이 줄 수 있는 효용한계다. 열심히 행복하게 하루를 살 것, 조용히 감사하며 하루를 살 것, 나에게 있는 것들이 나를 어떻게 만족시키고 있는지 살필 것, 나에게 필요한 것 이상의 욕망으로 나를 못살게 구는 나 자신을 들여다봐야 한다.

앞으로 혼자 살아가는 동안 내게 얼마만큼의 돈이 있어야 하는

지 구체적으로 계획을 세우되 너무 욕심내지 말자. 그것에 쫓겨서 매이지 말자. 우리가 더, 더 나이 들어서 진짜 노인이 되었을 때 우리 나라가 더 좋은 나라가 되어서 나의 노후를 그래도 절반 정도는 책임져줄 것이라는 신뢰를 가지고 그런 사회를 만들어가는 데 나는 어떤 일조를 할 것인가를 한 번쯤은 생각해보자. 돈을 벌기 위해 일하는 것이 아니라, 내 노력에 대한 정당한 대가로(물론 그 대가가 너무 초라하다고 생각되기 다반사지만) 따라오는 돈이다. 그러니 땀 흘려 일하고 있는 나를 대견스럽게 여기고 돈에 너무 나의 가치와 행복 여부를 묶어두지 말자. 나는 언제나 내가 가진 돈보다 훨씬 가치 있는 사람이다. 나는 결코 내가 가진 돈의 많고 적음으로 평가받을 수 있는 사람이 아니다. 나의 목표는 돈을 모으는 데 있는 것이 아니라, 어떻게 돈을 잘 가치 있게 사용하며 사는가에 있음을 기억하자.

10

1년에 한 번,
나의 마지막 날을 맞이하며 쓰는 편지

어릴 때 교회에서 수련회에 가면 유서를 쓴 기억이 있다. 중학교 때쯤 처음 그랬다. 왜 그 나이 때 아이들에게 그런 프로그램을 가졌는지 의아하긴 하다. 공동체 훈련이라는 이름이 유행하던 시기였고, 요즘만큼 다양한 프로그램들을 만들기 어려웠던 때이다. 그러니 감수성이 높아지던 시기의 아이들이 불을 끄고, 촛불 하나에 의지해서 나의 죽음에 대해 뭔가를 쓰는 일은 상당히 아이들의 마음을 움직였을 수도 있겠다 싶다. 한참 예민하고 세상 모든 문제를 혼자만 끌어안고 있는 듯, 세상의 비련의 여주인공이 자기인 양 생각하던 아이들은 뭔가에 복받친 듯 너무나 심각하게 자기의 유서를 쓰고 있었다. 그러다가 누군가의 훌쩍훌쩍 하는 소리가 들리기 시작하면 그 훌쩍임은 옆으로 옆으로 이어졌다. 재미있는 기억 하나는 고2, 고3쯤이었는데 그때도 교회 수

런에 참석했는데 다시 뭔가 유언장 비슷한 걸 쓰는 시간이었다. 왜 그랬는지 나와, 아주 친했던 친구 한 명은 그냥 멀뚱멀뚱 앉아서 뭔가를 쓰는 것도 아니고 안 쓰는 것도 아닌 채 훌쩍임이 시작된 많은 친구들과 후배들을 바라보고 있었다. 그러면서 친구와 "난 인제 이게 그렇게 와 닿지 않네. 중학교 때쯤이면 몰라도. 이젠 커서 그런지 별로 흥미가 없네"라는 대화를 나눴다. 고3, 18살. 이제 나는 어른이라 불러도 될 만큼 컸고, 그런 건 중학교 동생들이나 하는 것이라고 여겼던 나이. 그로부터 많은 시간이 흘렀다. 그때는 내가 그 나이가 될 거라고 상상도 하기 어려웠던 그 나이가 됐다.

까맣게 잊고 있었던 그 유서 쓰는 프로그램을 상담가 훈련 프로그램에서 다시 진행했었다. 24시간 뒤에 자신이 죽는다면 무엇을 할 것인지 시간대별로 기록하고, 유서를 적는 시간이었다. 15명 내외가 참여했던 모임에서, 불을 끄지도 않은 대낮에 뭔가 음악이 흐르지도 않았고, 사람들은 그저 담담히 백지 위에 자신의 이야기를 써 내려가고 있었다. 자기가 쓴 내용을 담담히 한 사람씩 읽어 내려갔다. 어렸을 때 그랬던 거처럼 읽는 이들은 많이 눈물을 흘렸고, 듣는 사람들도 훌쩍거렸다. 24시간의 행적과 유서를 읽는데 왜 그리 눈물이 나던지 당황스럽기도 했다. 당연히 내일이 오고, 다음 주가 오고, 다음 달이 오고, 그리고 다음 해가 오리라는 의심 없는 미래 앞에 서 있다고 착각한다. 언제나 무언가를 계획하고, 또는 다가오지 않은 미래에 닥칠지도 모를 위험으로 인해 불안해하는 것이 나도 그렇고, 많은 사람들도 그러한 일상이었다. 그러나 당장 24시간 뒤에 내가 죽는다면, 나는 그 24시간 동안 무엇을 할 것이며 누구와 함께 마지막을 보낼 것이며, 내 삶의 흔적들에 대해 뭐라고 이야기할 것인지에 대해서는 잘 생각해보지 않았다.

그러고서 나는 매해 어느 날, 나의 마지막 24시간을 기록하고 유서를 쓰곤 한다. 유서라고 해봤자 뭐 거창한 게 있는 건 아니다. 그저 사랑했던 사람들에게 사랑한다는 말을 하고, 고맙다고 인사하고, 나는 내 삶을 이렇게 사랑했었다고 쓴다. 그런데 이게 몇 번 지나고 나니 실제적인 내용들이 약간씩 첨부되었다. 처음엔 나의 장례식은 이렇게 이렇게 해주면 좋겠다는 말을 덧붙였다. 요란스러울 리도 없겠지만 3일씩이나 하지 않아도 되고, 수의 입히지 않아도 되고, 좋은 관 같은 거 쓸 필요 없고, 바람 잘 통하는 산속에 수목장으로 묻어주면 좋겠다였다. 다음에는 나의 강아지에 대한 내용이 들어갔다. 강아지 세 마리가 있으니 누구누구에게 기르게 해달라고 부탁해달라. 그다음에 쓸 때는 서재에 꽤 많은 책들이 있는데 그건 어떻게 어떻게 처리해주면 좋겠다. 내가 쓰던 물건들은 이리이리 처리해주면 좋겠다. 그 다음번에는 나의 재산에 관한 것이 첨부되었다. 모아놓은 게 없으니 재산이라고 이름 붙이기도 민망하지만 어쨌든 내가 가진 것은 이런 것들이 있고, 보험은 이런 것들이 있고, 통장은 어디 어디 있고, 비밀번호는 뭐고, 혹시 누군가에게 줄 수 있으면 이렇게 써달라, 이런 내용들이었다. 처음엔 그저 감상적이고 아쉬움과 그런 것들뿐이었지만 갈수록 생활과 밀착되고 구체적인 내 삶의 흔적들을 어떻게 정리하면 좋을까에 관한 것들이 늘어났다. 앞으로 몇 년이 지나고 내가 계속 이 작업을 한다면 보다 더 내가 살아온 삶에 대해 선명해지고, 내가 정리해야 할 나의 삶의 몫들이 명확해지리라 여겨진다.

이렇게 나는 1년에 한 번, 나의 마지막 날을 맞이하고 유서를 작성하는 일을 정기적으로 하고 있다. 삶에 쉼표와 마침표를 잘 찍는 게 매우 중요하다고 생각한다. 예전에 노래를 배운 적이 있었는데 그 선생님이 그랬다. 노래의 80%는 발성과 호흡인데, 그건 어디서 숨을 쉬고 어디서 숨을 멈추고 하는 걸 능수능란하게 잘 하는 거라고. 산다는 것도 마찬가지인 거 같다. 긴긴 삶의 여정 속에서 쉼표와 마침표를 잘 찍는 것, 그것이 긴 호흡으로 삶을 잘 살아가는 길일 거다. 이건 결혼을 했든, 안 했든 상관없이 내 인생에 대해 책임을 지는 태도이기 때문일 거다. 인간은 늘 '죽음'이라는 불안과 싸우는 존재이다. 특별한 일이 있지 않은 이상, 우리는 대부분 죽음은 먼 미래에 있을 막연히 불안한 어떤 일로 여기기 마련이다. 깊이 생각하지 않는다. 그러나 인생은 삶과 죽음이라는 동전의 양면과 같다. 동전의 양면이 떨어져서 하나일 수 없듯이 인생 또한 삶과 죽음을 떨어뜨려 놓고 생각할 수는 없다. 어차피 산다는 건 죽음을 향해 한 발짝 반 발짝 앞으로 나아가는 것이다. 그것을 기억하며 산다는 건 살아 있는 오늘을 감사하게, 훌륭하게 잘 살아내겠다는 약속이기도 하다. 뭐든 마지막이라고 하면 애틋하고 아쉽고 더 잘하고 싶고, 후회가 되고 그런 게 사람의 마음이다. 만약 내가 앞으로 한 10년 뒤에 어떤 사유로 죽게 될 거라는 날짜를 받아 놓으면 나의 삶의 태도가 조금은 달라질까? 그렇다고 죽음에 대해 매 순간 불안해할 필요는 없다. 쉼표와 마침표를 찍어보자는 것은, 죽음에 대한 불안을 키우자는 것이 아니다. 오히려 내 삶에서 미래에 대한 희망을 품고 좋은 것들을 만들어가는 태도를 가지자는 것이다. 그것이 오늘 하루를 살아가며 죽음으로 걸어가는 미래를 준비하는 내 삶에 대해 책임을 지는 것이기 때문이다.

나는 그렇게 나의 마지막 24시간을 기록하고, 유서를 쓰며 늘 알게 된다. 내게 소중한 것이 무엇인지, 아쉬운 것이 무엇인지, 무엇을 더 하고 싶었는지, 어디에 불필요한 에너지들을 쏟았었는지, 무엇에 집착했었는지, 어떤 사람들과 만남을 이어갔고, 어떤 사람들과 더 함께 있고 싶어 했는지, 그리고 무엇보다 내 삶에서 가장 소중하고 의미 있었던 것이 무엇이었는지. 그렇게 내가 살아온 1년을 돌아보게 되면, 다음 1년을 3년을 10년을 어떻게 살아야 할지 방향을 가늠할 수 있게 된다.

그리고 그건 오늘 하루를 최선을 다해 행복하게 살 수 있게 하는 힘이 된다. 나는 믿는다. 그렇게 쌓인 하루하루가 나를 데려다 놓을 순간순간의 자리들이 내게 꽤 만족스러워질 것이라는 걸. 그렇게 하루하루 쌓여진 삶의 순간들 가운데서 정말로 예기치 않게 죽음이라는 인생의 동전 양면 중 한 면이 찾아온다 할지라도 그것이 그리 원통하지만은 않으리라는 걸. 나는 인생의 마디마디 적절한 쉼표와 마침표를 찍었으므로, 그 쉼표와 마침표 사이에 쓰인 많은 문장들이 그리 대단할 건 없겠으나 적어도 빨간펜투성이로 교정하고만 싶은 그런 문장들로만 남아 있지는 않으리라는 걸. 그러면 그것으로 충분하다.

많은 여성의 삶에 도전을 받기도 한다.
그들의 공통점은 지금의 일상에 만족하든 그렇지 않든,
지금 하고 있는 일로 만족하든 그렇지 않든,
끊임없이 자기가 무엇을 하고 싶었는지,
어떤 삶을 꿈꾸었는지를 물어보고 대답을 찾고
실행해가는 여정이 있다는 것이다.

———

여성이 자신의 일을 갖는다는 것은 당연한 일이다.
기왕이면 평생 동안 가슴 뛰며 할 수 있는
일을 만들어가는 것이 좋지 않겠는가?

Chapter 6

느슨하고 불안한,
그러나 함께여서 좋은 우리들의 연대

1

돈의 힘 vs.
관계의 힘

　　최인철 교수는 『굿 라이프』라는 책에서 재미있는 실험을 한 내용을 말했다. 우리가 인생이라는 매장에서 쇼핑을 하고 있는 사람들이라면, 우리는 매장에서 물건을 집어넣는 카트를 끌고 다니듯이, 우리의 경험을 담는 경험카트를 끌고 다니는 사람들이라는 것이다. 이 경험 카트 안에는 나만의 목록이 채워지지만, 때로 다른 사람들의 카트 안에 채워진 것들도 신기하게 들여다보게 된다고, 각자의 라이프스타일과 취향에 따라 그 내용물은 모두 달라지게 된다고 했다. 그래서 최 교수 팀은 행복한 사람들은 자신의 경험 카트에 어떤 것을 담는지에 관한 연구를 시작했다. 첫 번째로 수행한 연구에서는 스트레스를 받은 이후에 그들의 경험 카트에 무엇을 넣는가 하는 것이었다. 결과가 흥미롭다. 자신이 행복하다고 느끼는 사람들은 '좋은 사람과 보내는 시간'을, 행복하지 않은 사람들은 '금전적 이득'을 담는다고 했다.

최 교수 팀은 또 하나 재밌는 실험을 했다. 서울대 학생들에게 좋아하는 친구와 2박 3일 공짜 여행 쿠폰이 있는데 얼마를 받으면 안 갈 수 있는지를 물었다. 그 외에도 다양하게 친한 사람들과 하기로 되어 있는 즐거운 활동들을 포기하는 대가로 얼마를 받고 싶은지를 물었다. 이것도 결과가 흥미롭다. 자기 행복감이 상위 50퍼센트인 사람들은 여행을 포기하기 위해 1천600만 원은 받아야 한다고 응답한 반면, 행복감이 하위 50퍼센트인 사람들은 350만 원이면 충분하다고 대답했다. 크리스마스이브 콘서트를 포기하기 위해서 하위 50퍼센트 사람들은 40만 원 정도 받으면 된다고 했지만, 행복감 상위 50퍼센트인 사람들은 무려 600만 원 정도를 받아야 한다고 응답했다. 재미있지 않은가? 얼핏 보면 행복한 사람들이 더 돈에 대해 욕심이 많은 것처럼 보이지만 그들은 친밀한 사람들과의 관계에 매우 큰 가치를 부여하고 있음을 알려주는 실험이었다.

흔히들 '앞으로 계속 혼자 살아가는 데 무엇이 가장 필요한가?'라고 물으면 돈이라고 대답할 사람이 많다. 물론 통장 잔고가 우리를 어느 부분에서는 구원해줄 가능성이 크긴 하다. 그러나 아무리 많은 통장 잔고가 쌓인다 한들, 그것을 나를 위해서만 꾸역꾸역 쌓아놓는다면 어린 시절 읽었던 스크루지 할아버지처럼 되는 건 아닐까 하는 생각을 했다. 물론 나는 그만큼 쌓아둘 통장의 잔고가 없어서일 수도 있다. 중요한 건 어느 정도 기본적인 의식주가 해결된다면 우리 인생을 만족시킬 수 있는 건 관계의 힘이라는 거다. 어느 누구도 세상에서 홀로 살아갈 수는 없다. 이 말은 꼭 내가 결혼해서 혈연으로 맺은 가족이 있어야만 혼자가 아니라는 뜻은 아니다. 우리는 이미 혼자서 잘 살아가야 하는 시대에 와 있다. 그러면 혼자서 잘 산다는 것의 정의를 내릴 수 있어야 한다. 그 안에는 건강, 취미, 돈 등등 여러 가지 요소가 있어야 하지만 제일 중요한 건 함께 연대할 수 있는 관계를 나눌 수 있는 사람들이 있어야 한다는 점이다. 그들의 숫자가 인맥 관리하듯이 많아야 하는 건 아니지만, 적어도 응급실에 실려 갔을 때 마음 놓고 부를 친구 한둘쯤은 있어야 하지 않을까 싶다.

얼마 전 만났던 내 친구 H는 10년 전 서른 살 때 이야기를 들려줬다. H는 워킹 비자를 가지고 들어갔던 호주에서 몇 년을 열심히 일해서 돈 삼천만 원을 모았다고 했다. 삼천만 원이면 지금도 큰 액수인데, 그때는 당연히 큰 액수였다. 그 돈으로 H는 친구 둘과 함께 카페를 창업했다. 친구 둘 중의 한 명이 좀 더 액수를 많이 냈기 때문에 카페 대표며, 계약이며 모두 그 친구 이름으로 했었다. 어려서부터 너무 잘 알고 지냈던 친구였으므로 철석같이 믿었는데, 어느 날 그 친구가 모든 걸 가지고 야반도주를 해버렸다고 했다. 망연자실했고, 그 친구를 찾고 싶었으나 결국엔 찾을 수가 없었고, 지금도 연락이 되지 않는다고 했다. "너 어떻게 견뎠어? 원망스럽지 않았어?"라고 묻는 내게 H는 대답했다. "당연히 화가 났지. 그런데 어떡하겠어. 벌어진 일인데. 걔한테는 그게 꼭 필요했나 보지. 꼭 필요했는데 나한테 말을 못 했나 보지. 시간이 지나고 보니 괜찮아졌어. 걔랑 나랑 보낸 시간이 20년인데, 그동안 걔가 나한테 해줬던 고마웠던 일들이 있으니, 좋았던 기억들을 좀 비싸게 샀다 생각하니 나아졌어"라고.

그저 합리화하기 위해서 하는 말 같지 않았다. 정말 그 친구는 자기에게 좋은 친구였다고 H는 말했다. 때가 되면 분명 다시 만나게 될 것이라고. 나에게도 그런 친구가 있는지, 나는 누구에게 그런 친구인지 돌아보게 된다.

혼자서 나이 들어가는 삶, 그 삶을 채워줄 가장 중요한 것이 무엇이어야 하는지 늘 물어야 한다. 그리고 그 속에 포함될 소중한 가치 하나는 나와 함께 생을 나눌 수 있고, 삶을 나눌 수 있고, 연대하며 살아갈 사람을 얻게 되는 일일 것이다. 그런 좋은 친구 하나 내가 되어주고, 내 곁에 있다면 그 삶은 혼자 살아간다 해서 그리 외롭지만도 않고, 초라하지만도 않을 것이다. 앞의 이야기로 돌아가면 우리 인생 경험의 카트에 채워 넣어야 하는 것은 결국 눈에 보이는 돈과 부동산과 젊음을 유지하기 위한 의미 없는 욕망이 아니라는 것이다. 인생 경험의 카트 안에 사람으로 채워질수록, 타인과의 의미 있는 연대로 채워질수록 우리 삶은 더욱 풍성해진다. 그러니 혼자를 두려워하지 말고 의미 있는 사람들과의 연대로 당신의 경험 카트를 가득 채워가기를!

2

느슨하고
불안한 모리들

나는 드라마를 꽤 좋아하는 편이다. 특히 노
희경 작가의 드라마를 좋아한다. 그중에서 가장 아름답게 기억하
는 드라마는 〈디어 마이 프렌즈〉이다. 워낙 대본도 좋은 작가인데
다가, 연기자들의 연기 앙상블도 대단했던 드라마였다. 아마 거의
매회 눈물을 흘렸다. 왜 그랬는지 모르지만 그 드라마를 볼 때마
다 눈물이 났다. 젊어서부터 함께였던 이들이 언니, 동생, 친구가
있었다. 또 친구의 딸들은 엄마의 친구를 이모며 언니라고 부르며
함께 삶을 나누고 있었다. 드라마에는 부부와 자녀로 구성된 가족
은 등장하지 않았다. 남편이 없거나, 결혼을 하지 않았거나, 이혼을
했거나, 평생 뭔지 모르게 아내를 괴롭혀 온 늙은 남편을 둔 노부
부이거나, 유부남과 바람을 피운 여배우거나였다. 일반적인 사회
적 시선으로 흔히 사람들이 결핍이라고 부르는 것들을 가진 이들

이다. 하지만 그들은 다른 사람들과 다른 매우 특별한 무엇을 가졌다. 우정이라 이름하든, 사랑이라 이름하든 그들에게는 함께 나이 들어가는 삶을 같이 해주는 친구들이 있었다. 마지막 회, 암 수술한 난희와 치매에 걸린 희자와 평생 남편에게 매여 살던 정아와 평생 결혼하지 않고 이들을 벗 삼아 살아온 충남, 정아의 남편과 희자의 새 남자 친구는 캠핑카를 타고 여행을 떠난다. '길에서 죽으면 어때'라는 모토를 가지고, 그냥 여행을 떠나고 일상으로 돌아와 항암 치료를 받고, 또 여행을 떠나고 일상으로 돌아와서는 치매 요양병원에서 생활한다. 그렇게 그들은 그들에게 주어지는 하루하루를 치열하게 살아가고 있었다. 얼마나 멋있고 아름다웠는지 모른다. 특히 백미는 자식에게 짐이 되기 싫어 요양원에 제 발로 갔던 희자가 어느 날 밤, 외로움을 견디지 못하고 친구 정아에게 데리러 와달라고 했을 때, 정아는 잘 하지도 못하는 운전 실력으로 남편의 다 낡아빠진 승용차를 끌고 금세 그를 데리러 그 시골길을 한달음에 달려간다. 나는 그렇게 함께 나이 들어갈 나의 친구들을 기다린다. 가끔은 서로 오해도 하고, 악다구니도 하고, 섭섭해하기도 하지만, 은근슬쩍 밥 먹자라는 말로 그 섭섭함이 녹아내리는, 어떤 일로 무척 화가 나서 씩씩거릴 때는 나보다 더 씩씩거려 주는, 그렇지만 나의 부족함을 예리하게 일러주는, 그런 친구들. 오랫동안 함께 캠핑을 하고 여행을 해도 불편하지 않은, 또는 기어이 그 불편함을 감수해도 될 만큼 마음이 가는 그런 친구들이다. 혼자 살든 아니든 그런 몇몇의 친구들과 함께일 수 있는 무리가 있다면 내 인생이 꽤 근사하리라 생각하기 때문이다.

그래서 만든 나의 친구들의 모임은 "느슨하고 불안한 모리들"이다. 모리는 라틴어로 죽음이라는 뜻이다. '메멘토 모리'라는 말이 있다. 죽음을 기억하라는 뜻이다. 100세 시대니 30대 중반을 넘어선 이들이 죽음이라는 단어를 떠올리기에는 아직 멀었다. 그러나 혼자 살면서 불쑥불쑥 드는 제일 큰 걱정 중 하나는 '이러다가 정말 혼자 늙어 죽으면 어쩌지?' 하는 것이다. 처음엔 농담처럼 말하다가도 혼자 아프기라도 하면 그 생각은 현타처럼 내 머리를 스치기도 한다. 그래서 나는 모리들이라는 친구 모임을 만들었다. 7, 8명쯤 되는 오래된 나의 친구들인데 사실 싱글은 두 명이다. 커플 세 쌍, 싱글 두 명. 그 커플 세 쌍이 다 아이가 없다. 그래서 우리는 서로서로의 장례식을 치러주는 모임을 만든 거다. 오래오래 서로서로 기억하고 하릴없이 만나고, 별 생산적이지 않은 수다를 떨고, 가끔은 서로에게 너무나 무심한 듯 연락도 없이 시간을 보내더라도 서로를 기억하자고 말이다. 우리의 목표는 우리 무리 중의 한 사람이 죽으면 모두가 공동 상주가 되어주는 것이다. 죽은 사람이야 하늘나라에 갈 것이니 크게 걱정은 아니나 그래도 혹 죽은 이의 마지막 길을 기억하고 기념하고 정리할 시간이 필요한 이들과 함께 해야 할 장례가 생판 일면식도 없던 시청의 공무원 손에 의해서 남아 있는 몸뚱어리만 재로 변하게 되는 건 아무리 남은 생에 미련을 가지지 않는다 하더라도 좀 서글프다 싶었다. 그래서 우리는 서로서로의 마지막을 함께 정리해주고, 기억해주고, 기념해주자고, 공동의 상주가 되어 하늘 가는 길을 배웅해주자고 해서 이렇게 이름을 붙였다. 마지막 남은 사람이 제일 손해라고 말하며 우리는 깔깔 웃어댔다.

특별히 정해진 모임이 있는 것도 아니고, 심할 때는 몇 달씩 연락이 없기도 하며. 각자 사는 일에 바쁘다 보면 기억 속에서 까맣게 잊고 지내기도 한다. 그래도 잘 지내겠거니, 섭섭해하지 않고, 멀리서 서로를 응원한다. 서로의 마음을 믿어주고, 서로의 삶을 격려한다. 오랜 시간이 지난 먼 훗날까지 그럴 수 있으리라고 약속을 하진 못한다. 계획한 대로 약속한 대로 되지 않는 게 인생이니까. 그렇다 해도 그리 슬퍼지지는 않을 것이다. 우리에겐 도원결의까지는 아니더라도 서로의 인생 마지막을 함께해주자고 믿어주었던 믿음과 사랑과 신뢰가 있었으므로 그것으로 충분할 수도 있다 싶다.

물론 난 그 속에서 가끔은 더 큰 외로움을 느끼기도 한다. 아이는 없더라도 그들은 부부이고, 나는 싱글이기 때문이다. 그래도 팬

찮다. 내가 혼자인 그대로 그들은 나를 존중해주고 믿어주고 신뢰해준다. 혼자서 나이가 들어간다는 건 어쩌면 관계망 속에서 점점 이탈되어 간다는 것일 수도 있다. 물론 새로운 동호회에 들어갈 수도 있고, 보다 적극적으로 동창 모임 같은 걸 만들 수도 있고, 또 지금 일하고 있는 사람들과 더 친밀한 사적 관계를 만들 수도 있다. 관계망은 연결하기 나름이라 생각할 수도 있다. 그러나 그 관계망들 속에서 나의 진심을 나눌 수 있는, 정말 나의 속살을 있는 그대로 보여도 괜찮은 그런 이들을 만나는 건 점점 더 어려워진다. 적당히 포장하고, 적당히 꾸미면서, 선을 넘지 않으면서도 관계를 잘 유지한다는 건 쉽지 않다. 내게는 그렇게 만들어진 관계들은 대부분 잘 닦인 유리창을 마주하고 선 기분이었다. 유리창 너머로 상대가 너무나 투명하게 보이긴 하지만 만져지지는 않는, 그래서 더 친밀해지지 않는 그런 관계로 느껴진다. 나는 그런 관계는 늘 버거웠다. 모든 사람이 늘 좋을 수는 없고, 모든 친구들이 늘 나에게 모리들 같을 수는 없음을 안다. 어쩌면 앞으로 혼자 살아가게 될 오랜 시간 동안 나의 모리들은 변할 수도 있을 것이라는 것도 안다.

그러나 싱글로 살아가면서 나는 늘 나의 '디어 마이 프렌즈'를, 느슨하고 불안한 연대를 만든 나의 모리들과의 관계를 꿈꾼다. 내가 그들 중의 하나이기를 소망한다. 아등바등한다고 되는 일도 아니고, 노력한 만큼 결과가 보이는 것도 아니겠지만 그래도 나는 내가 좋아하는 나의 친구들과 함께 그들이 결혼을 했건, 남자건, 결혼을 하지 않았건, 여자건 간에, 나보다 몇 살 많거나 또는 한참 어려도 상관없다. 인생의 살아가는 날 동안 서로에게 따뜻한 기억이 되고 위로가 되고 힘이 되어주는 관계를 희망한다. 돈은 싸 들고 갈 수 없어도 그 기억은 가지고 갈 수 있지 않겠는가. 혼자 살아가는 이들에게 어쩌면 가장 필요한 건 그런 느슨한 연대일지도 모른다. 서로에게 침범하지 않되, 서로를 이해하고, 서로를 구속하지 않되, 진심을 다해 곁에 있어주는 그런 연대, 공동체가 필요하다. 그렇다면 그들이 가족이 되는 것이다. 꼭 피를 나누어야만 가족이 되고 식구가 되는 건 아니다. 식구는 밥을 같이 먹는 사람들이라는 뜻인데, 같이 따뜻한 밥 한 끼 부담 없이 먹여주고 얻어먹는 그런 몇몇의 무리들과 함께 나이 들어가며, 혼자라서의 외로움을 때로 스스럼없이 말할 수 있다면, 혼자 나이 들어가는 삶도 분명 멋있다.

부디 여러분이 느슨하고 불안한 연대로서의 모리들을 만나 '디어 마이 프렌즈에게'라고 진심을 담은 경의와 사랑을 보낼 수 있는 그런 관계를 꿈꾸며, 소망하며, 그것을 이루어가기를 바란다.

3

그러나 따로 또 같이 살아갈
우리들의 연대

『혼자 살아도 괜찮아』라는 책은 1인 가구에
대한 사회학적 입장에 대해 기술하고 있는 책이다. 외국 역시 한
국과 마찬가지로 독신자 인구수가 전체 사회구성 인구에서 상당
한 비중을 차지하고 있음을 말하면서, 독신자들의 삶을 소개하고
있다. 저자는 이 책에서 스웨덴을 비롯하여 서구 문화권 각 나라에
서 독신 공동체들이 생겨나고 있는 현상에 대해 설명하고 있다. 스
웨덴의 필로스라는 단체는 공동식당을 운영하고 독신자들을 위한
다양한 행사를 개최하는데, 그 단체는 배우자를 찾아주는 것과는
거리가 먼 사회적 유대감을 제공하고 있다. 또 몇몇 독신 공동체
는 혼인 여부에 따른 차별을 없애자는 운동을 주도하는데, 독신평
등운동 같은 단체는 독신들과 함께 의료, 주택, 육아, 이민, 세금 등
법적, 사회적 문제에서 평등과 공정성을 이끌어내는 운동을 하려

고 노력하고 있다고 한다. 벨라 드파울로 박사는 페이스북에 '독신을 위한 커뮤니티(Community of Single People)'라는 그룹을 만들었다. 그 그룹에는 '데이트 상대를 찾는 목적이 아님을 확실히 인정한다'라고 적어야만 가입이 인정되는데, 파울로 박사가 이를 만든 지 2년 만에 수천 명의 회원이 가입하여서 여러 가지 주제의 정보를 공유하고 있다고 한다.

나는 독신자들의 느슨하고 불안한 연대, 따로 또 같이 살아갈 연대를 꿈꾸고 희망한다. 꼭 페미니즘적 관점에서 여성운동을 하는 사람의 시각으로서 비혼 여성 공동체라는 거창한 이야기를 하는 건 아니다. 우리 일상에서 함께 할 수 있는 작고 소중한 싱글들의 공동체를 만들어가면 좋겠다. 공동체라고 하면 일단 주거의 문제가 최고 우선순위로 떠오르게 마련이다. 그래서 셰어하우스라든가, 주거공동체 개념들도 많이 생기고 있고, 우리 사회에서 그런 논의들이 제법 진행되고 있다. 함께 산다는 것, 공동체를 이룬다는 것은 쉬운 일이 아니다. 하물며 가족들이 함께 사는 것도 쉬운 일이 아닌데, 생각과 이상이 맞는다고 하여 공동체를 이루며 산다는 것은 정말 이상적인 일일 것이다. 그러기에 우리가 꿈꿀 수 있는 공동체는 완전히 생활을 함께 하는 공동체보다는 느슨한 연대 방식의 공동체가 필요하다.

따라서 그 공동체가 어디에 보다 중점을 두고 모이는가가 성격을 규정하게 될 것이다. 함께 하는 주거에 더욱 중점을 둔 목적의 싱글들의 모임, 독신들의 공동체라면 셰어하우스 등의 지역기반 공동체로서 한 지붕 세 가족 같은 형태를 띠게 될 것이다. 이들의 필요는 어쩌면 보다 경제적인 이유로 초점이 맞춰지면서 실제 생활에서 일차적으로 필요한 도시 기반 주거의 문제를 보다 질 높은 차원에서 함께 해결하고자 하는 것이 될 수 있다. 이는 공동 주거지 형태로 주방과 거실은 공유하되 침실은 개인이 사용하는 형태의 주거공간을 보다 저렴한 가격에 마련하게 될 수도 있다. 이것도 쉽지 않다. 옛날에 친구 3명과 각각 방 1개씩을 쓰면서 생활해 본 적이 있었는데, 공동체라고 부를 수까지는 없었지만 어쨌든 함께 산다는 것은 쉽지 않았다. 공유하는 공간에 대해 서로 책임지는 방식과 생활스타일이 다르기 때문에 어쩔 수 없이 용납되지 않고 부딪치는 부분들이 있었다. 그럼에도 장점들은 더 많았다. 내가 아파도 밥을 해줄 사람이 있다던가, 치킨 1마리를 시켜도 남기지 않고 그 자리에서 다 먹을 수 있다거나, 하는 등의 사소하지만 일상에서 우리에게 매우 필요할지도 모르는 정을 채워준다는 의미에서 말이다. 예를 들어 협동조합 형태의 공동체가 빌라 한 채를 매입하여 그 조합원들이 빌라의 각 세대에 한두 사람씩 머물면서 공동의 거실이나 운동, 파티 공간 등을 마련하는 방안들 말이다. 이런 대안적인 삶의 방식들에 대해서는 이미 몇몇 언론에서 다루기도 했고, 실제 그런 운동을 하고 있는 사람들도 있다.

또 주거공간을 함께하는 지역기반(오프라인 기반) 공동체가 아니라 하더라도 정서적 면에서 서로를 지지해주고, 삶의 기반을 공유하며, 서로를 연대하고 지지하는 그룹들이 형성될 수도 있을 것이다. 이것은 독서, 여행, 취미 등의 관심사에 대한 목적을 공유하는 공동체라기보다 '싱글'로서의 삶 자체를 공유하고 그 삶을 지지해주고 함께 해주기 위한 것을 목적으로 하는 공동체로서 그 역할을 할 수도 있을 것이다. 그러면 이 공동체는 싱글로 사는 이들을 위해서 정작 사회와 나라가 그들을 위하여 펼쳐야 할 정책 등을 제안할 수도 있을 것이고, 싱글들을 위한 기념일을 제정하거나, 아예 어떤 센터 등의 물리적 공간도 만들어낼 수 있을 것이다.

작년에 서울에 사는 한 독신 여성이 자기의 집으로 돌아가는 골목길에 제대로 된 가로등을 설치해달라는 민원을 구청에 넣었고 그것이 해결되는 과정의 이야기를 본 적이 있다. 예를 들면 그런 것이다. 혼자 목소리를 냈을 때는 그저 여성 혼자 가능하면 밤길을 다니지 않아야 하고, 스스로가 조심해야 하는 개인의 몫이었지만, 함께 연대하여 목소리를 냈을 때는 그게 정책이 되고 실현되는 힘이 있다. 싱글이라는 삶 자체를 키워드로 하여 모인 공동체는 그렇게 싱글 여성들이 사회의 뭔가 부족한 일원으로 머물러 있게 하는 것이 아니라, 사회를 이루고 살아가는 구성원의 삶의 한 형태로서 자기를 바라봄과 동시에 당당하게 자신들의 권리와 이익을 대변해 주는 목소리를 내는 연대를 하게 만든다.

또 내가 상상하지 못하는 다양한 모양의 공동체적 모습들이 수 없이 탄생하리라 생각한다. 싱글로 산다는 것, 더군다나 때 지난 단 어이긴 하나 화려한 골드미스의 삶이 아닌 그저 평범한 샐러리맨 내지는 프리랜서로 오늘을 살아가는 평범한 싱글 여성들의 삶은 각자도생이 아니라 느슨한 연대를 통하여 더욱 풍성해질 것이다. 마치 옛날 옛적 우리 선조들이 어미 잃은 아기가 있으면 젖동냥으로 그 아이를 키워냈듯, 지금 도시의 삶 가운데서는 상상하기 어려울지 모르는 그런 연대, 그러나 우리 사회의 발전은 언제나 우리 상상 이상을 넘어서는 그 무엇으로 발전되어 오고, 물줄기를 만들어왔음을 역사를 통해 바라보게 된다.

더 이상 싱글로 사는 삶이 고립된 삶은 아니다. 내가 스스로 나를 떳떳이 증명하지 못한다 하여, 내 삶이 화려한 골드미스의 삶이 아니라 하여 움츠러들 필요도 없다. 혼자라는 외로움과 고립감 속에 고독사를 불쑥불쑥 떠올리며 고민하지 않으면 좋겠다. 마음만 먹으면, 조금만 머리를 맞대고 새로운 상상을 하게 되면, 조금만 나의 불편함을 감수하고서라도 타인과 함께 할 수 있는 삶을 받아들이면 우리는 타인과의 연대 속에 살아갈 수 있게 된다. 꼭 새로운 규칙을 만들고, 그 속에 적응하지 못하는 이는 쳐내고, 규격화된 생활을 같이 해야만 공동체가 되는 건 아니다. 언제든 자유롭게 열리고 닫히는 넓은 울타리 안에서 각자의 개성을 뽐내되, 그 개성이 서로의 장점을 극대화시킴으로 인해 새로운 아웃풋을 만들 수 있는 느슨한 공동체. 목숨 걸지 않지만, 정성을 다하여 사랑할 수 있는 연대의 힘을 가진 공동체. 싱글이 가지는 자유로움도 불안함도 넉넉히 품을 수 있는 공동체. 나는 그런 공동체를 꿈꾸고 이루어가기를 소망한다.

그래서 앞으로 나의 계획은 이런 공동체 속에 함께하는 것이다. 나이의 많고 적음을 따지지 않고, 재산의 많고 적음을 따지지 않고, 온전히 하나가 되는 것이 목표가 아닌, 그저 필요할 때 함께 있어 주고 함께 목소리를 내줄 수 있는 느슨한 싱글 연대 공동체. 그런 작은 클러스트들이 모여서 집합이 되는 조금 더 큰 공동체. 그렇게 우리의 삶이 넓혀져 나가기를 꿈꾼다.

4

죄수의 딜레마에 갇힌 사회를 벗어난 공동체

'죄수의 딜레마'라는 말을 들어보았을 것이다. 죄수의 딜레마는 이런 상황이다. 두 사람이 함께 공범으로 잡혔다. 물증은 없고, 오로지 자백만이 처벌을 결정할 수 있는 방법이다. 이때 검사는 두 명의 죄수를 각각 심문한다. 그러면서 심문 전에 제안한다. 범죄를 자백하면 자백한 사람만 풀어주겠다고. 그 대신 자백하지 않은 사람은 자백한 사람의 몫까지 10년 형을 살아야 한다고. 두 사람은 침묵하거나, 자백함으로써 배신하거나 둘 중의 하나를 선택할 수 있다. 둘 다 침묵하면 둘 다 무죄이므로 이 시나리오에서 가장 좋은 선택이다. 그런데 둘 다 침묵하려면 필수적인 요소가 뒤따른다. 바로 상대방에 대한 신뢰이다. 상대가 자백하지 않을 것이라는 믿음하에 나도 자백하지 않을 수 있다. 그러나 두 사람 간에 신뢰가 없는 경우, 즉 나는 자백하지 않았는데 상대가 자백했을 경우, 나는 10년 형을 살 수 있다는 최악의 시나리오가 등장한다. 이러한 시나리오를 벗어나기 위해서 두 사람은 서로 상대를 배신하고 자백하는 것을 선택한다. 죄수의 딜레마는 보통의 사람들이 선택할 수 있는 가장 현실에 가까운 시나리오다.

싱글로 살아간다는 것, 꼭 결혼하지 않았기 때문에 싱글인 것은 아니다. 결혼을 했어도 이혼을 하거나 사별을 해서 싱글이 될 수도 있다. 앞으로 싱글, 1인 가구는 계속해서 20대 이상 모든 연령층에서 늘어날 가능성이 높다. 그런데 우리가 사는 삶을 한번 생각해보자. 개인이 살아가면서 부딪히는 어려운 모든 문제점들을 혼자 가진 자본 및 기타 사회적 능력으로 해결할 수 있는 사람은 상위 몇 퍼센트가 채 되지 않을 것이다. 아마 1퍼센트? 이런 사람들은 죄수의 딜레마의 상황에 놓이더라도 다른 사람의 선택에 크게 영향 받지 않고 그냥 자기가 원하는 대로 할 수 있을지도 모른다. 오늘 한국사회는 경제적 논리에 따른 시장에서 실패한 사람에 대해 윤리적 책임을 함께 공감하진 않는다. 시장경제에서 경쟁 논리에 따른 실패와 성공은 오롯이 개인이 책임져야 할 몫이기 때문이다. 따라서 어쩌면 싱글, 1인 가구의 삶은 'All or Nothing'이라는 상황으로 점점 더 첨예하게 내몰리고 있는지도 모른다. 단지 '내가 생각하기에 나는 아닐 거야'라고 스스로 최면을 걸고 있을 뿐이다.

다행히 모든 것을 가진 이는 화려한 싱글의 삶을 살 수 있을지도 모르나 불행히 아무것도 얻지 못한 싱글의 삶의 미래는 쉽게 그려지지 않는다. 개인이 화려한 싱글의 삶으로 편입될 수 있는 가능성은 얼마나 되겠는가?

그러므로 싱글로 살아간다는 것, 1인 가구로 살아간다는 건 관계와 관계에 대한 고민과, 공동체에 대한 고민을 품고 있어야 한다. 우리가 서로 만나는 관계가 경제적 이익에 기반한 경쟁관계로만 얽혀 있다면, 우리는 늘 승리자가 아닌 패배자가 되어야 하거나, 우리 사회는 한 줌 상위 승리자를 위한 기능만을 제공하게 될 것이다. 나 자신이 꼭 승리자가 되어야만 하거나, 또는 되지 않았다고 해서 낙담할 필요가 없는 공동체를 꿈꾼다. 개인은 철저하게 상황 속에서 존재한다. 혼자 산다고 해서, 〈나는 자연인이다〉에 나오는 주인공처럼 살지 않는 이상, 개인이란 존재는 사회라는 상황적 맥락 안에서 살아갈 수밖에 없다. 즉, 사람이 혼자 산다는 것은 능력 있는 개인의 어떤 힘에만 의존할 수 없으며 다양한 네트워크를 통해서만 가능해진다.

사실 전적으로 한 명의 소득에 의존하여 살아가는 싱글(1인 가구)의 실업은 싱글의 삶의 몰락을 가져올 수도 있는 심각한 상황이 된다. 혼자 사는 여성들이 제일 크게 두려워하는 부분이 이것이다. 경제적 불안정성. '자본주의사회에서 이걸 통제하는 것이 가능할까'라는 생각이 든다. 물론 능력주의에 따라 매정하게 내치면 그만이다. 즉 개인이 죽으라고 '노오력'하여 돈 많이 벌면 그만이다. 그러나 그런 가능성이 모든 이에게 평등하게 나눠져 있다면 얼마나 좋겠는가? 4차 산업혁명 시대를 맞은 오늘, 우리는 점점 더 극단적인 소득의 불평등 사회에 살 수밖에 없을 것이다. 그렇다면 4인 가족의 경우는 어떨까? 4인 가족도 물론 이런 위험에 처할 수 있지만 그들 내부의 관계는 경제적 대가를 주고받는 것으로만 이루어져 있지 않다는 의미에서 싱글 가구와는 좀 다르다. 어쨌든, 1인 가구든 4인 가구든 무정한 생존경쟁에서 한 개인의 능력만으로 살아남는 것에 허덕대는 오늘, 우리는 좀 다른 모양의 사회를 꿈꿀 필요가 있지 않을까?

2020년 1인 가구가 전체 가구구성 비율 중 25%로 1위를 차지하면서, 정부의 정책도 1인 가구에 대한 맞춤 정책들이 나오고 있기는 하다. 서울시나 경기도청 등의 사업을 살펴보면 꽤 많은 공공사업들이 발표, 시행되고 있다. 그러나 잘 살펴보면 그 1인 가구는 아직 경제적 독립성이 약하다고 여겨지는 30세 미만의 청년 가구거나, 은퇴 이후 노인 가구에 집중되어 있는 것을 볼 수 있다. 특히 주거문제에 있어서는 더하다. 이 말은 아직 왕성하게 사회적 활동을 하고 있으리라 여겨지는 30대 중반 이후에서 40, 50대 싱글 가구를 위한 정책은 별로 없다는 것이다. 왜냐면 정책이라는 것이 결국 사회복지적 관점에서 경제적으로 어려운 이들에 대한 기본적 생활을 누리게 하기 위한 사안들에 보다 집중되어 있기 때문이다. 물론 아주 중요하다. 내가 경제적 기반을 잃었을 때, 최소한의 나의 삶을 보장해줄 국가라는 공동체가 있는가 하는 것은 내 삶에 대한 안정성을 누리는 데 있어서 필수요건이다. 그러나 대부분 일할 능력이 있다고 인정되는 30대, 40대에게는 별로 해당 사항 없는 이야기이다. 이들은 그냥 개인이 열심히 알아서 능력껏 살아야 한다. 그렇게 살았는데 노년기에 모아둔 것이 없으면, 그때서야 국가의 도움을 받을 수 있게 된다. 이런 게 좋은 네트워크일까?

죄수의 딜레마에 갇힌 사회를 벗어나는 공동체를 꿈꾼다는 것은 꼭 경제적 이유에만 기반한 것은 아니다. 은둔형 외톨이로 살지 않는 한에야, 사람은 어차피 사교성을 가지고 친밀감을 누리며 살아가야 하는 존재이다. 거기에는 경제적 안정성을 포함한 정서적 공감과 안정성까지 포함되어야만 한다. 개인과 개인이 네트워크로 연대되고, 그 연대된 네트워크가 조금 더 큰 네트워크를 만들어가는 것. 사회가 하나의 든든한 네트워크가 되는 사회. 우리의 작은 삶의 연대가 전체 합보다 더 큰 이상의 합을 만들어내는 사회. 그런 사회를 꿈꾸기 위한 노력이 우리에게 필요하다. 그렇게 되기 위해 우리는 가만 머물러 앉아 불평하고 침묵할 것이 아니라, 적극적으로 나서고 알리고 연대함으로써, 나 혼자의 힘은 넉넉지 않아도 우리의 힘은 넉넉하므로 우리의 힘이 나의 넉넉지 못함을 채워주리라는 믿음을 가지기 원한다.

그러한 믿음이 싱글로 살아가는 나의 삶에 대한 안정성을 담보해주며, 그런 우리의 노력으로 인해 우리의 맞잡은 손이 더욱 단단해져 가기를 희망한다.

5

싱글이면 어떻고
아니면 어때?

　　10대에서 20대를 거치며 나는 결혼 이후의 내 모습을 상상하곤 했다. 예쁜 집, 아이 하나, 따뜻한 남편, 가끔 캠핑을 가거나, 외식을 하는 모습. 물론 나도 나의 직장생활을 충실히 해내며, 직장에서는 좋은 선배이고 동료이며, 가정에서는 좋은 아내이고 엄마인 모습. 어디에 가서나 칭찬받고 인정받고, 능력 있다는 소리를 들으며, 내 가족이 자랑스럽게 여기는 그런 여자의 삶. 하지만 그런 만화 같은 삶은 내게 오지 않았다. 오지 않은 것이 아니라, 만들지 않은 것일 수도 있다. 그런 삶이 행복일까를 고민하던 사이, 결혼은 멀어져갔고, 나이는 들어갔고, 더 이상 결혼은 내게 환상도 목표도 아니게 되었다. 지금은 반려견들과 함께 혼자 씩씩하게 살고 있다.

가끔 외롭기도 하고, 막연한 불안이 엄습해오면 쉽게 잠이 들 수 없기도 한다. 집 계약기간이 끝나가면 다음번에 어떡하나 하는 걱정에 한숨이 나오기도 한다. 혼자 아픈 몸을 부여잡고 간신히 정신을 챙겨 병원에 가는 것이 서글프기도 하다. 홀로 나선 여행길에서 낯선 식당에 혼자 들어갔을 때, 다정한 커플이 함께 식사하는 모습은 부럽기도 하다. 매달 나가야 하는 돈은 일정한데, 예기치 못한 일들로 인해 들어오는 돈은 줄어들고, 통장의 잔고는 바닥이 나기 시작하면 '이러니까 결혼을 했어야 했어'라는 말을 하기도 한다. 친구 아이의 선물로 예쁜 아기 옷을 고를 때는 '나도 아이가 있었으면 정말 예쁘게 키웠을 텐데'라고 아쉬운 마음이 드는 것도 어쩔 수 없다. 모임에 나갔더니 모두 커플일 때, 나는 어디에 앉아야 할까라는 생각을 들키지 않으려고 우물쭈물하는 내 모습을 보기도 한다.

그럼에도 나는 나의 삶을 사랑한다. 싱글로 사는 게 저런 모든 불편한 감정들을 감수해야 하는 삶이라 하더라도 그것이 나의 삶을 사랑하지 못하게 할 이유는 되지 않는다. 어떤 삶이든, 어떤 길을 걷든 그 과정에서 그 나름의 불편함, 어려움은 있기 마련이다. 결혼한 사람이라고 해서 감정적 어려움이 없고, 불편함이 없겠는가. 단지 결이 다른 종류의 어려움과 불편함이 있을 뿐이다. 인생에

늘 좋은 것만 있을 수는 없다. 그거야말로 성숙하지 못한 아이의 마음이다. 좋은 것만 있으면 좋겠지만 그럴 수 없는 게 인생이라는 걸 우리는 알아가고 있는 나이가 되었다. 싱글로 산다는 것은 자랑도 흉도 아니다. 그저 내가 선택한 나의 삶의 방식일 뿐이다. 물론 내가 자의로 적극적으로 선택한 삶의 방식이 아닐 수도 있다. 그러면 또 어떤가? 지금 나의 삶의 자리는 여기인 것을. 내게 주어진 것을, 주어지고 있는 것에 대해 최선을 다하며 사랑하며 살아가는 것, 그것이 잘 사는 길이다.

더 이상 싱글로 산다고 해서 제대로 된 방식으로 살지 못하고 있다고 눈치 아닌 눈치를 주는 시대는 지나가고 있다. 당당하게 내 삶의 방식을 이야기해도 괜찮고, 내가 누리고 싶은 것, 누리고 있는 것에 대해서 이야기해도 괜찮다. 또는 나의 불안에 대해, 외로움에 대해, 아픔에 대해 누군가와 대화를 나누고 그것을 토로하면서 감정적 교류를 나누어도 좋다. 그것은 미성숙한 것이 아니라 성숙한 삶의 방식이다. 좋은 것은 좋다고, 싫은 것은 싫다고 분명히 말하면서도 내 삶에 대해 타인이나 상황의 평계를 대지 않는 것이 중요하다. 아무리 평계를 대어보아도 지금 내 삶의 결과는 내가 살아온 순간순간의 합이다.

'엄마 때문에 나는 지금 이렇게 힘들고, 사랑받지 못한 사람이 되었나 봐요.' '아빠 때문에 남자를 믿지 못하는 사람이 돼서 결혼을 못 하고 있나 봐요.' '처음 만났던 남자 친구가 준 상처가 너무 커서 도무지 연애를 할 수가 없었어요.' 물론 그런 이유들이 있을 수도 있었다. 그러나 그것만으로 인해 지금 내가 결혼하지 못한 건 아니다. 내 삶이 그 이유들만으로 인해 불편하거나 아픈 것도 아니다. 수만 가지 내 삶의 역사가 쌓여서 지금의 내가 되었다. 앞으로 남아 있는 내 생 역시 지금 하루하루 만들어가는 내 삶의 시간들이 쌓여서 만들어져 갈 것이다. 그러니 후회하고 돌아보는 시간보다 감사하고 기뻐하며 충만하게 지내는 시간이 더 필요하다.

지금 내 삶이 괜찮아 보이려고 과도하게 애쓰지도 말자. 종종 만나는 어떤 내담자들은 자기가 싱글로 살고 있는 것에 대해 얕잡혀 보이지 않으려고 완벽한 삶을 추구하는데, 너무 지친다고들 하소연한다. 당연하다. 누구에게 어떻게 보이지 않으려고 애쓰는 삶은 나의 겉모양을 꾸미는 데 너무 많은 에너지를 요구한다. 그 노력들을 더 이상 할 수 없을 때, 나를 둘러싸고 있던 껍데기들이 벗겨질 때 진짜의 나는 오히려 벌거벗은 앙상한 나무같이 느껴질 수 있다. 힘들면 힘들다고 말하고, 외로우면 외롭다고 말해도 된다. 스스로에게도 믿을 만한 누군가에게도. 그렇게 나에게 타인에게 기대며 살아가는 게 좋다. 꼭 남편만 내가 기댈 수 있는 사람이어야 하는 건 아니기 때문이다. 나의 모습을 있는 그대로 내보여도 좋을 동료 그룹을 가지는 건 그래서 중요하다. 혼자 잘 지내는 것과 고립되거나 소외 되는 건 다른 이야기이기 때문이다. 우리는 싱글로 산다고 해서 고립되거나 소외되는 것이 아니라 홀로, 그러나 함께 살아가는 존재들이어야 한다.

삶은 언제나 무겁다. 누구에게든 예외 없이 그렇다. 그렇다고 해서 아등바등 허덕이며 살아갈 필요는 없다. 지금 나의 삶에서 충만한 에너지를 누리며, 내가 있음에 감사해 하고, 지금 이 시간을 누림에 기뻐하자. 작은 꽃이 피어나는 봄 색깔과, 강렬한 햇살 아래서 끓어오르는 열정과, 겸손히 몸을 낮추는 가을 나무의 향기와, 길어진 겨울밤의 고독을 온몸으로 순간순간 알아채고 느끼고 맛보고 음미하며 살아가자. 혼자여서도 좋고, 함께여서도 좋은 그런 순간들을 만들어가자. 많이 움직이고, 깊이 사색하고, 깨어 기도하며, 부지런히 일하자. 나의 삶이 나에게 자랑스럽도록, 나의 삶이 나에게 사랑스럽도록. 혼자이지만 혼자가 아닌 우리 모두의 삶을 응원한다.

혼자서 나이 들어가는 삶,
그 삶을 채워줄 가장 중요한 것이
무엇이어야 하는지 늘 물어야 한다.
그리고 그 속에 포함될 소중한 가치 하나는
나와 함께 생을 나눌 수 있고, 삶을 나눌 수 있고,
연대하며 살아갈 사람을 얻게 되는 일일 것이다.

———

그런 삶은 혼자 살아간다 해서 그리 외롭지만도 않고,
초라하지만도 않을 것이다.
인생 경험의 카트 안에 사람으로 채워질수록,
타인과의 의미 있는 연대가 채워질수록,
우리 삶은 더욱 풍성해진다.